Livros de Dutch Sheets

PELA EDILAN

Oração Intercessória
O Poder da Oração Intercessória
O Meu Maior Prazer
Sonhe

"Tenho sido encorajado a sonhar outra vez! No passado, eram os sonhos que nos levavam de uma fase da vida à fase seguinte. Mas quando as circunstâncias recentes trouxeram mudanças, foi diferente. Eu já estava perdendo a esperança de poder sonhar novamente, quando o último livro de Dutch mudou isso. Obrigado, Dutch! Este é o livro certo, na hora certa!"

— Willard Thiessen, New Day Ministries

"Este livro convincente e transformador deu uma nova direção à minha vida! Ele avivará a sua fé! Nosso mundo e nossas vidas serão poderosamente modificados quando cada um de nós transformar-se em um canal para os sonhos do nosso Criador."

— Jim Hodges, Presidente da Federação Internacional de Ministros e Igrejas

"À medida que você avançar por estas páginas cheias da verdade de Deus, seu coração será despertado e levado a reconhecer, aceitar e crer nos pensamentos, ideias e desejos que Deus colocou em seu interior. Nascerão em seu espírito a expectativa e a esperança de que os sonhos que Deus lhe deu se tornarão realidade."

— Dr. Ché Ahn, Pastor titular da HROCK Church em Pasadena, Califórnia; Presidente do Harvest International Ministry; Chanceler Internacional do Wagner Leadership Institute

"Sonhe. Essa palavra desperta uma das seguintes reações em nosso coração: empolgação e expectativa ou tristeza e resignação. Tudo depende se ainda sonhamos ou não. Entrelaçando desde histórias atuais de sonhadores com as quais podemos nos identificar a exemplos bíblicos de pessoas que sonharam, Dutch nos oferece uma forma de reacender o sonho se sua chama estiver enfraquecida, ou de atiçá-la se ele estiver rugindo em nosso espírito!"

— Jane Hansen Hoyt, Presidente /CEO
do Aglow International

"Nas mãos de um autor menos qualificado e de um homem de Deus de menor envergadura, o tema sonhos poderia se transformar em puro sentimentalismo religioso e egocêntrico. Mas Dutch Sheets nos dá exatamente o que ousamos esperar: um livro que é escrito de forma bíblica e comovente e que desperta em nós os sonhos de Deus."

— Stephen Mansfield, autor de best-sellers
segundo o New York Times

"Com humildade, humor e uma visão singular do coração do Pai, Dutch Sheets explora a busca apaixonada por Deus daqueles que estão dispostos a sonhar os Seus sonhos: homens e mulheres que Deus chamará de amigos. Nesta hora crucial da História, Sonhe coloca nas mãos da Igreja uma revelação capaz de transformar destinos."

— Coronel Douglas Castle

"Se eu tivesse lido Sonhe sem saber quem era o autor, certamente teria dito que era Dutch Sheets. Creio que ele está destinado a ajudar a Noiva de Cristo a sonhar os sonhos de Deus."

— John Kilpatrick, fundador e pastor titular
da Church of His Presence

SONHE

DESCUBRA O PROPÓSITO DE DEUS PARA A SUA VIDA

DUTCH SHEETS

LAN

1ª impressão
Rio de Janeiro, 2015
www.edilan.com.br

Sonhe

© 2014 Editora Luz às Nações

Coordenação Editorial | *Equipe Edilan*
Tradução e revisão | *Idiomas & Cia.*

Originalmente publicado nos Estados Unidos com o título Dream, de Dutch Sheets, por Bethany House, uma divisão de Baker Publishing Group, Grand Rapids, Michigan, 49516, Estados Unidos.

Copyright © 2012 por Dutch Sheets, todos os direitos reservados. Publicado no Brasil pela Editora Luz às Nações, Rua Rancharia, 62, parte — Itanhangá — Rio de Janeiro, Brasil CEP: 22753-070. Tel. (21) 2490-2551. 1ª edição brasileira: novembro de 2014. Todos os direitos reservados.

Salvo indicação em contrário, todas as citações bíblicas foram extraídas da Bíblia Sagrada Nova Versão Internacional (NVI), Editora Vida. As outras versões utilizadas são: Almeida Corrigida e Revisada Fiel (ACF), SBB; Almeida Atualizada (AA), SBB; Almeida Revista e Atualizada (ARA), SBB e NTLH (Nova Tradução da Linguagem de Hoje), SBB.

Por favor, note que o estilo editorial da Edilan inicia com letra maiúscula alguns pronomes na Bíblia que se referem ao Pai, ao Filho e ao Espírito Santo, e pode diferir do estilo editorial de outras editoras. Observe que o nome "satanás" e outros relacionados não iniciam com letra maiúscula. Escolhemos não reconhecê-lo, inclusive a ponto de violar as regras gramaticais.

CIP-BRASIL. CATALOGAÇÃO-NA-FONTE
SINDICATO NACIONAL DOS EDITORES DE LIVROS, RJ

S545s

Sheets, Dutch, 1954-
Sonhe : descubra o propósito de deus para a sua vida / Dutch Sheets. - 1. ed. - Rio de Janeiro : LAN Editora, 2014.
208 p. ; 23 cm.
Tradução de: Dream
Inclui bibliografia e índice
ISBN 978-19-45488-02-3
11. Sonhos - Aspectos religiosos - Cristianismo. 2. Auto-realização- Aspectos religiosos - Cristianismo. 3. Vida cristã. I. Título.

15-19269   CDD: 248.485
                                   CDU: 248.12

16/01/2015 16/01/2015

Para Ceci:

Quando você apareceu, eu soube que os sonhos realmente podem se realizar. Obrigado por ser a minha melhor amiga e maior fã, minha conselheira mais sábia e a confidente em quem mais confio. Que presente maravilhoso você é para mim! Você é amorosa, linda, inteligente e talentosa. Muito obrigado por se casar com alguém tão "inferior"!

Vamos continuar sonhando!

Sumário

Introdução

O PRESENTE

Talvez você não saiba disso, mas há uma natureza sonhadora em seu interior. Você herdou essa qualidade do seu Criador. Ele nos criou à Sua imagem e semelhança para que os nossos corações pudessem se identificar com o Dele e para que o Seu coração sonhador pudesse encontrar milhões de expressões. Você foi *projetado* para sonhar e você *precisa* sonhar — *tanto para si mesmo quanto para Deus*. Na verdade, se você não sonhar junto com Deus, Ele não conseguirá colocar em prática todos os Seus sonhos e você nunca alcançará seu destino. Uma vida sem sonhos é como um GPS sem satélite. O GPS pode funcionar, mas não o levará a lugar algum. Do mesmo modo, sem os sonhos de Deus para guiá-lo, você viajará pela estrada da vida procurando um destino que nunca encontrará. Os sonhos divinamente inspirados, entretanto, o guiarão até o destino que Ele tem para você.

O seu *Projetista* sonhou sonhos para você antes mesmo de você nascer. Depois, ao criá-lo, Ele os teceu com destreza em seu DNA, junto com a capacidade de encontrá-los e realizá-los. O destino que Ele tem para você será a soma desses sonhos. A jornada da vida, portanto, deve ser a busca por um sonho; encontrar o que o seu Criador sonhou para você traz a maior satisfação da vida e deve ser sua busca suprema.

Se não descobrir os sonhos de Deus, você acabará desperdiçando sua vida correndo corridas que não deveria correr e cruzando linhas de chegada erradas, ou então, como muitas pessoas, você nunca alcançará uma linha de chegada. Outras pessoas abandonam completamente a corrida, perambulando pela vida como se ela fosse um labirinto, esperando tropeçar na saída certa. Que tragédia! O seu Criador nunca teve a intenção de que a vida fosse uma loteria. Você *pode* encontrar os planos e sonhos Dele para você e buscá-los com confiança.

Quero ajudá-lo através deste livro. A inspiração para escrevê-lo surgiu há quatro anos quando eu estava em um retiro pessoal, quando também teve início uma nova fase da busca pelo meu próprio sonho. O Senhor usou diversas coisas para me lançar na direção dessa nova fase: oração, a Sua Palavra, uma canção, o ambiente certo e um filme. Sim, um filme.

O Presente é um dos meus filmes favoritos. É a história de Red Stevens, um homem de negócios de mais idade, extremamente rico, que sabe que está morrendo e tenta decidir o que fazer com sua fortuna. Aparentemente, seus filhos eram gananciosos, consumistas e irresponsáveis, assim como os seus netos.

Todos, menos um.

Jason parecia igual aos outros, mas Red viu algo mais nele, oculto sob uma fachada de dor, preguiça e um estilo de vida festeiro. Red sabia que debaixo daquele verniz manchado havia uma grande força e um caráter nobre. Então ele decidiu que deixaria sua fortuna para Jason, desde que ele passasse em uma série de testes que Red apresentou em um vídeo gravado por ele e que foi exibido após sua morte. Os testes eram difíceis, consumiam tempo, alguns levavam semanas. Jason só saberia qual seria o desafio seguinte depois de completar o anterior.

A princípio Jason resistiu — o dinheiro do velho homem podia ir para a caridade, porque ele não ia jogar aquele jogo! Mas depois de pensar muito ele decidiu tentar, só para ficar com o dinheiro. O que ele não sabia era que cada desafio destinava-se não apenas a ser um teste, mas algo que fortaleceria seu caráter e serviria como uma ferramenta de ensino. Red os chamou de "presentes, uma série de presentes".

É fascinante assistir à transformação de Jason. Ele aprende o valor do trabalho árduo, da lealdade, o valor de dar, o valor da família e várias outras qualidades importantes necessárias para uma vida bem-sucedida e responsável. Perto do fim, ele se senta para assistir ao vídeo que lhe mostra qual será a próxima tarefa. Embora seu avô já tivesse partido àquela altura, sabia ao fazer os vídeos que se eles ainda estivessem sendo mostrados a Jason pelo seu sócio sábio e perspicaz, era porque Jason passara nos testes e a riqueza poderia ser confiada a ele.

Quase isso.

Quando o último vídeo começa, Red diz: "É hora de você aprender a sonhar, Jason". Assim como o personagem do filme, fiquei vidrado na tela sem piscar. *Que conceito*, pensei, *o teste do sonho*. Jason recebeu uma grande soma em dinheiro, e foi-lhe

15

dito para fazer qualquer coisa que quisesse com ela. Bem, vou parar por aqui caso você decida assistir ao filme.

Assisti a esse filme em um momento perfeito para mim. Eu vivia uma fase na qual estava reexaminando minha vida, analisando o passado e me indagando acerca do futuro. Como parte desse processo, planejei passar uma semana sozinho para pensar e orar. Reservei uma cabana na qual pretendia passar uma semana, mas quando cheguei, alguma coisa não parecia certa. Decidi seguir o meu coração: *Não é este o lugar.*

Telefonei para a minha mulher, Ceci, e pedi que ela procurasse na internet outro lugar, de preferência em Estes Park, no Colorado. Comecei a dirigir naquela direção. O lugar que ela encontrou era mais do que perfeito. Havia um altar e uma cruz nos fundos da cabana que me recordaram Moriá, o lugar especial de um sonho mencionado na Bíblia. Deus sabia que Ele e eu sonharíamos juntos naquele lugar.

Talvez você não conheça Moriá e sua história bíblica profunda. É a montanha onde Abraão levou Isaque para oferecê-lo em sacrifício. Deus o impediu, é claro. Na verdade, tudo que Deus queria era pintar um retrato de Si mesmo oferecendo Seu Filho na Cruz séculos depois. Moriá era o lugar onde isso de fato aconteceria! Ali, naquela montanha tão cheia de significado, Abraão e Deus sonharam juntos. Abraão anteviu o dia em que ele teria tantos descendentes que eles seriam uma grande nação. Deus sonhou com o dia em que Ele retomaria o Seu sonho de família. Mas estou me adiantando muito. Visitaremos Moriá mais tarde em grande profundidade.

Voltando à cabana. Não, eu não estava brincando a respeito do altar e da cruz. Atrás da cabana, cerca de 30 metros mais ou menos do deck, havia um altar cuidadosamente construído em pedra e cimento, na base de uma cruz de madeira rústica, mas sólida e resistente. Havia um lindo riacho bem ao lado do deck que se dividia por vários metros corrente acima e depois voltava a se unir alguns metros corrente abaixo, formando uma pequena ilha bem atrás da cabana. Alguém visitara aquela ilha e construíra o altar e a cruz — só para mim.

Humm, pensei enquanto contemplava aquela imagem. *Ali está, o lugar onde Deus retomou o Seu sonho. O que será que Ele tem em mente para mim esta semana?* E eu não ficaria desapontado.

Enquanto a semana passava, eu me vi sendo levado a fazer uma análise reflexiva da minha vida. *O que eu tinha realizado? Quais dessas realizações valeram realmente o tempo e o esforço empregado? Quantas delas resistiriam ao teste da eternidade?* Por mais dolorosas que algumas das perguntas tenham sido, eu estava tentando ser brutal e completamente honesto. *Que sonhos eu havia perseguido sob o pretexto de serem "para o Senhor", quando na verdade meu coração me enganara e eles foram "para mim"?* Muitos sonhos passaram no teste, outros não. Foi doloroso, mas bom.

Em um dado momento, o Senhor dirigiu minha mente para Jacó, neto do grande patriarca Abraão. Parecia que Abraão, assim como Red, tinha um neto com um grande potencial enterrado debaixo de camadas de carnalidade, egocentrismo e ambição egoísta. Jacó, assim como Jason, teria de ser transformado e depois ensinado a sonhar da maneira correta.

Eu vi a mim mesmo.

Foi durante aquele tempo sagrado com o Senhor que Ele me ensinou muitos dos princípios que estão neste livro. Ele me mostrou o processo pelo qual Jacó precisou passar até que, como Jason, ele recebesse o presente definitivo. E assim como seu avô Abraão, ele acabou se tornando amigo de Deus e os dois sonharam juntos.

Finalmente, naquele dia transformador há alguns anos, o Espírito Santo fez meu foco deixar de ser o meu passado e passar a ser o meu futuro. Tão claramente como se Ele estivesse na cadeira ao meu lado — não há dúvidas de que Ele estava presente — o Senhor começou a falar comigo sobre sonhar, assim como Red falou com Jason. *"Quais são os seus sonhos para o futuro?"* Ele perguntou, trazendo os pensamentos mais íntimos do meu coração para a minha mente consciente.

Pensei e anotei cada pensamento. Esperançosamente, agora com um pouco mais de clareza de coração e algumas décadas de perspectiva acrescentadas, eu sonhava com maior profundidade e menos ambição egoísta do que sonhara anos antes. Ao longo das quatro últimas décadas, o sonho de galgar os degraus do sucesso foi substituído pouco a pouco pelo desejo de sondar as profundezas do coração de Deus. As realizações agora são medidas mais pela aprovação do Céu do que pelo aplauso da Terra, e o desejo de fazer um nome cedeu lugar ao desejo de fazer a diferença. Pelo menos acho que sim.

Por fim, o Senhor desviou a conversa para uma direção que me pegou de surpresa. *"Agora Eu gostaria de sonhar um pouco"*, ouvi claramente. *"Você gostaria de ouvir alguns dos Meus sonhos?"* Ouvi e chorei. Deus estava confiando a mim Seu coração sonhador. Aquele dia continua sendo um dos mais sagrados da minha vida. Construí um altar naquele dia. Não feito de pedras e cimento, mas no meu coração.

O meu maior objetivo ao escrever este livro é que você também se conecte ao coração sonhador de Deus. Se eu puder alistar você no "programa de sonhos de Deus", conectando-o ao Seu coração sonhador, você nunca mais se satisfará com a existência anormal de alguém que não sonha ou com a vida de uma pessoa presa ao mundo. Você foi criado para sonhar, e fazer isso em parceria com Deus é um dos maiores presentes que podemos receber Dele.

Você também testemunhará a jornada de sonhos, angustiante, porém maravilhosa, do próprio Deus. Ver as decepções vividas por Ele e como Ele as superou o encorajará e inspirará; Sua sabedoria enquanto Ele faz isso deixará você admirado. A história de Deus é a maior história de sonhos jamais contada.

Também oro para que, ao ler as páginas que se seguem, você também possa fazer uma autoanálise honesta, assim como eu fiz em meu retiro. Creio que você verá aspectos de si mesmo por meio de sonhadores como Adão, Abraão e muitos outros até os dias de hoje. Estou confiante que ao olharmos para Jacó e o processo pelo qual ele passou para se tornar Israel — esse era o nome de uma pessoa antes de se tornar o nome de uma nação — você verá algumas características de si mesmo. E oro para que, à medida que perceber áreas do seu coração ainda controladas por sonhos terrenos, você vá até a Cruz, o lugar onde Deus resgata sonhos e corações, onde o relacionamento com Ele é selado para sempre.

Um prazer indescritível e surpresas empolgantes esperam por você na busca pelo seu sonho. Assim como Abraão nos dias passados, você começará a jornada vendo o Senhor como seu *Deus*. À medida que o tempo passar e o relacionamento amadurecer, você passará a ter uma percepção mais elevada: de que Ele é verdadeiramente o seu *Pai*. Mas o ponto alto de uma vida bem-sucedida — na verdade, o ápice da jornada —

é quando o seu Deus e Pai se torna o seu *Amigo*. Deus quer sonhar com os Seus amigos.

Vamos abrir o presente!

1

O Poder dos Sonhos

De modo igual a você, tive muitos sonhos e expectativas ao longo dos anos, alguns fúteis e insignificantes, outros significativos e substanciais. Lembro-me da minha primeira luva de beisebol — uma edição especial assinada por Pete Rose — que na verdade dava poderes sobrenaturais para quem jogasse com ela! Juro que ela me tornava um jogador de beisebol muito melhor. Quando jogava com ela, instantaneamente me tornava o garoto mais empolgado e invejado do quarteirão. E, é claro, o melhor jogador de beisebol.

Então, veio a minha primeira bicicleta nova. Veja bem, não uma bicicleta usada, mas uma bicicleta vermelha novinha em folha, com três marchas, do último modelo. O mundo ficou diferente daquele dia em diante. Todos os garotos da cidade sentiam inveja de mim e da minha *bike*.

Meus sonhos mudaram ao longo dos anos. À medida que eu crescia, eles evoluíram para empregos, dinheiro, uma família, um lar — a lista comum dos sonhos que todo mundo tem. "Com a sua boa aparência e inteligência", minha mãe me garantia, "você não terá grande dificuldade em alcançar essas coisas". (Sei o que você está pensando, mas diferente da maioria das mães, a minha era muito objetiva.) Entrei para a faculdade a fim de iniciar minha jornada rumo à grandeza, e sem dúvida alguma estava a caminho do sucesso, da fama e da fortuna... isto é, até Deus orquestrar os acontecimentos para que eu participasse de uma viagem missionária para a Guatemala.

Que golpe baixo!

Eu estava lá quando o terremoto de 1976 abateu o país, matando 30 mil pessoas em trinta segundos. Um milhão de pessoas ficaram sem casa. Como olhar para olhos sofredores e sem esperança e sonhar com fama e fortuna? Como encarar uma criança faminta de três anos de idade que perdeu o pai e sua mãe que agora estava viúva — tendo de mandá-los embora porque você acabou de servir o último prato de sopa disponível em uma instituição de ajuda humanitária — e sonhar com facilidade e conforto? Meus sonhos de conquistar o mundo se transformaram em sonhos de mudar o mundo. Desde então tenho trabalhado para isso.

As coisas devem ser diferentes no planeta Terra porque você apareceu! Você faz parte do plano.

Você também pode mudar o mundo. As coisas devem ser diferentes no planeta Terra porque você apareceu! Você faz parte do plano. Uma solução, uma invenção, uma oração, outra pessoa que ainda não nasceu — há algo em você que precisamos. E começa com um sonho.

Em seu livro, *A Savior for All Seasons* (Um Salvador para Todas as Épocas), William Barker fala sobre sonhar. Ele conta a respeito de um desentendimento que aconteceu entre um bispo itinerante e o diretor de uma faculdade religiosa que também era professor de física e química. O pregador itinerante afirmava insistentemente que estávamos perto da volta de Cristo e do início de Seu reino milenar. Por quê?

— Porque praticamente tudo com relação à natureza já foi descoberto e todas as invenções foram criadas — ele respondia.

O diretor da faculdade discordava e insistia em que mais descobertas ainda seriam feitas.

— Cite uma — desafiou o pregador.

— Bem, estou certo de que dentro de cinquenta anos os homens poderão voar — respondeu o diretor.

— Bobagem! — Gritou o bispo de modo cético. — Apenas anjos foram criados para voar.

Qual era o nome do pregador? Sr. Wright. Ele tinha dois filhos, dois sonhadores que se chamavam Orville e Wilbur — você os conhece como os inovadores Irmãos Wright — que provaram ter um pouco mais de visão do que o pai deles!

Sonhar desperta a criatividade. O impossível não tem poder diante da energia irredutível e da imaginação criativa que brotam de um coração sonhador. Sonhos são férteis de esperança, persistência, engenhosidade e inventividade — se você sonha, você criará. No entanto, se não tem sonhos para perseguir, você enfraquecerá e ficará estagnado em um mundo estéril, sem inspiração, sem imaginação e sem invenção — exatamente como a maioria das pessoas vive!

O mundo dessas pessoas é pequeno e confinado, restrito pela existência superficial de alguém que não sonha. Para elas, o destino não se realiza porque sonhamos, planejamos e criamos, mas tudo é apenas obra do acaso. O plano de Deus para nós, entretanto, não é ficarmos girando em círculos na roleta da vida esperando ricochetearmos no lugar certo e aterrissarmos no sucesso. O nosso Criador quer que sonhemos, planejemos e criemos.

Muitas pessoas estão simplesmente esperando a "grande chance" ou ansiando por serem "descobertas"; elas confiam no acaso enquanto perambulam pela vida esperando que o número de loteria certo apareça. Isso é fantasia e não sonho. Deus não quer que você viva em um mundo de fantasia, esperando que uma mordida da aranha mágica o transforme e o lance na aventura de ser o Homem-Aranha. Só porque somos sonhadores isso não significa que temos de viver em um mundo de faz de conta.

A Bíblia fala muito sobre sonhos, e o fato de que os conceitos "sonhar" e "criar" estejam presentes na mesma palavra bíblica é revelador. *Yatsar* (hebraico) significa "criar"; *yetser*, uma forma ligeiramente diferente da mesma palavra, quer dizer "imaginação, concepção e pensamento".[1] *Yetser* se refere aos planos e propósitos formados na mente, que, naturalmente, incluem sonhar; *yatsar* é o ato de criação que resulta do sonho. *Assim, vemos que o poder de criar começa com a capacidade de sonhar.*

É exatamente assim que Deus funciona. Em Isaías 46:10, a Bíblia afirma que Ele declara o fim desde o começo. Em outras palavras, Ele vê ou imagina o resultado final (*yetser*), elabora o plano ou projeto, e depois começa a criar (*yatsar*). Ele sonha, e depois cria.

Do mesmo modo, quando Deus formou os seres humanos à Sua imagem, Ele colocou dentro de nós uma porção da Sua capacidade de imaginar e criar. Temos a competência, dada por Deus, de conceber algo em nossa mente ou coração, o que desperta a criatividade e a inovação que Ele colocou em cada um de nós. Assim como Deus, nós sonhamos e depois criamos o sonho. Veja estes exemplos.

- Temos aviões porque dois irmãos sonharam que podíamos vencer a gravidade e voar. Tempos depois fomos à lua porque alguém ousou sonhar que poderíamos conquistar o espaço.

- Temos lâmpadas porque um homem sonhou com a possibilidade de termos luz sem a necessidade de fogo. As pessoas continuaram a sonhar e agora temos lasers.

- Os telefones foram inventados porque alguma mente sonhadora concebeu a ideia louca de nos comunicarmos por intermédio de fios. Mas sonho gera sonho, então alguém imaginou telefones *sem fio*, e nasceram os telefones celulares. Que loucura!

- Os carros existem porque alguém ousou sonhar com uma carruagem sem cavalos. Henry Ford sonhou com a produção em massa dessas feras feitas pelo homem. Outro sonhador sonhou em ganhar dinheiro pavimentando estradas para essas novas máquinas impressionantes e, finalmente, alguém ousou sonhar com uma rede de estradas por todo o país *sem um único sinal de trânsito ou sinal de PARE*. Pense nisto: por intermédio de alguns sonhadores cheios de inspiração e suas mentes inovadoras, as viagens deixaram de ser feitas em carruagens puxadas por cavalos sobre trilhas sulcadas e não mapeadas e passaram a ser feitas em automóveis com ar-condicionado em autoestradas interestaduais (fazendo uso do GPS, inclusive).

- Algum nerd sonhou com o computador. Alguém "mais nerd ainda" sonhou que ele podia ser portátil — nada mal, já que inicialmente um computador ocupava uma sala inteira. Então veio a internet... a rede sem fio... o Facebook... o Twitter... o Google. E os nerds multizilionários continuam felizes da vida. E tuitando. (Alguns até tiveram de sonhar novas palavras para todas essas ideias malucas.)

- Alguém sonhou com a televisão e — foi inevitável — algum sujeito sonhou em mudar de canal sem se levantar do sofá. E lá veio o controle remoto. (Para a tristeza das mulheres.)

Todos esses conceitos que um dia eram inconcebíveis começaram com um sonho. Sonhar, então, despertou a criatividade. E, por falar nisso, os sonhos não precisam ser grandes para terem um grande impacto. Reflita sobre estes sonhos "insignificantes":

- Alguém se cansou de ter seus papéis fora do lugar e sonhou com um clipe de papel. (Ele também se certificou de que eles fossem pequenos o suficiente para se perderem facilmente e tivéssemos de comprar trilhões deles.)

- A chateação de ficar com comida presa entre os dentes inspirou o sonho de criar o palito de dentes.
- Um aspirante a escritor cansado de escrever na areia sonhou com o lápis.
- Um sujeito com os pés doendo por andar descalço sonhou com as sandálias. Uma mulher sonhou em torná-las elegantes. Algum adolescente sonhou em torná-las confortáveis e, *voilà*, nasceram os chinelos! (Vamos lá, sorria.)

A necessidade não é a mãe da invenção, os sonhos são!

Os sonhos acontecem! Mas eles não acontecem *do nada*. Eles se realizam porque sonhar desperta a criatividade, a inovação, a ação e a originalidade. Se você não sonha, não criará nada. Ponto final. Fim da história. Mas se sonhar, você *precisará* criar. A necessidade não é a mãe da invenção, os sonhos são!

Markita Andrews, de treze anos, tinha o sonho de levar sua mãe em uma viagem ao redor do mundo. Seu pai saiu de casa quando ela estava com oito anos e embora lutassem para se sustentar, o sonho de Markita e sua mãe era viajar ao redor do globo. Por essa razão, quando Markita soube que a escoteira que vendesse mais biscoitos ganharia uma viagem ao redor do mundo para duas pessoas com todas as despesas pagas, ela decidiu que venderia mais biscoitos que todas as outras escoteiras.

E vendeu mesmo.

Markita vendeu 3.526 caixas de biscoitos das escoteiras naquele ano, e ela continuou a vender até alcançar a marca de

42 mil caixas. Enquanto as outras escoteiras apenas cumpriam uma tarefa, Markita estava realizando um sonho. Elas venderam biscoitos, enquanto ela vendeu uma viagem pelo mundo. Seu sonho a levou a ser criativa, e a criatividade deu origem a um plano: como ela deveria se vestir, a melhor hora para abordar as pessoas, a maneira mais eficaz de pedir a elas para comprarem e como superar um "não". "Não peça as pessoas para comprarem os seus biscoitos", sua tia avisou. "Peça a elas que façam um investimento."

"Olá, eu tenho um sonho", Markita dizia. "Estou vendendo biscoitos das escoteiras para ganhar uma viagem ao redor do mundo para a minha mãe e eu. Você gostaria de investir em uma ou duas dúzias de caixas de biscoitos?" A estratégia deu certo.

Na verdade, deu mais certo do que Markita havia imaginado, porque os sonhos têm um jeito próprio de se multiplicar. Desde então ela tem feito palestras em convenções de vendas em todo o país, estrelou um filme da Disney que conta sua história e foi coautora de um best-seller, *How to Sell More Cookies, Condos, Cadillacs, Computers... and Everything Else* (Como Vender Mais Biscoitos, Apartamentos, Cadillacs, Computadores... e Tudo o Mais).[2] O plano de Markita, aliado ao trabalho árduo, propiciou a realização do seu sonho.

Que história inspiradora! E, assim como Markita, há uma história dentro de você. A sua será diferente, mas você tem uma história. Talvez ela não vire um filme, e você, possivelmente, não invente algo tão monumental quanto o avião. Ainda assim, você tem uma história importante, escrita pelo próprio Autor dos sonhos. O melhor lugar para começar a sua jornada é entender o que Ele tinha em mente quando começou toda essa coisa de sonhar.

Recapitulando

1. Explique a conexão bíblica que há entre sonhar e criar.

2. Descreva um momento no qual uma ideia, por mais passageira que fosse, capturou a sua imaginação.

3. Qual foi a sua reação diante dessa inspiração? Sua ideia passou de *yetser* a *yatsar*?

4. Como Isaías 46:10 se relaciona com sonhar?

5. Você tem dado valor ao que parecem ser ideias pequenas? Se não, como você pode passar a fazê-lo?

6. Decida-se agora a usar determinada quantidade de tempo todas as semanas para sonhar e fazer anotações sobre seus sonhos.

2

O Deus que Sonha

Deus é um sonhador. O livro Dele, a Bíblia, é na verdade a história dos Seus sonhos. Talvez isso o surpreenda, mas é a mais absoluta verdade. Alguns pensam que a Bíblia é um livro de regras legalista ou, na melhor das hipóteses, um livro de História monótono, mas nada poderia estar mais longe da verdade. Ela é um livro de sonhos. Obviamente, a Bíblia contém muitos preceitos e princípios, mas eles são dados a nós como o mapa da estrada da vida, e não como um livro de regras. Na Bíblia, Deus compartilha os Seus sonhos conosco — de uma maneira muito franca, eu diria — e nos convida a entrarmos no Seu mundo de sonhos. Ele e Seus filhos deveriam ser a maior "equipe dos sonhos" de todas.

O dicionário define um sonho como:

- Um desejo guardado no coração.

- O que é visto, previsto ou ansiado na mente com relação ao futuro.
- Desejos, anseios ou planos não realizados.

A partir dessas definições, fica óbvio para nós que a história da Criação é a de um sonhador, o conto a respeito de um "desejo guardado no coração e não realizado" no coração de Deus: o anseio por ter uma família. Aquele que tinha um número incontável de anjos servindo-O ainda não havia ousado criar um ser à Sua própria imagem e semelhança. Seu coração, porém, não estava satisfeito em se relacionar apenas com anjos. Certamente essas criaturas impressionantes eram uma parte maravilhosa da Sua companhia, e estou certo de que eles davam a Ele grande prazer, mas não faziam parte da Sua família.

Deus desejava filhos e filhas; Ele também ansiava por ter uma companhia agradável para o Seu Filho. Para realizar esse sonho, Ele criou a raça humana à Sua própria imagem e semelhança, muito diferente dos anjos. Ele até daria a essa nova "espécie" a impressionante capacidade de procriar outros espíritos eternos; um fato quase assombroso.

Durante cinco dias o Criador trabalhou para criar um "lar" para eles. Em Gênesis, lemos como Ele meticulosamente criou os céus e a Terra, o sol e a lua, os animais e as plantas. Ele separou a noite do dia e estabeleceu os limites dos mares e da terra.

Os anjos devem ter observado com grande fascínio enquanto diversas plantas, sementes, montanhas, rios e oceanos eram formados. Não consigo imaginá-los surpresos diante do poder das Suas palavras ou com a força criativa do Espírito que pairava sobre a Terra. Afinal, por viverem sempre com Deus eles estavam cientes da Sua grandeza. Entretanto, eles provavelmente ficaram curiosos ao longo da semana e talvez até tenham achado algumas das criaturas engraçadas. Será que riram da tromba do elefante ou das listras da zebra? Será que manifestaram sua admiração com "ooohs" e "aaahs" diante da beleza da borboleta ou da majestade da águia, da velocidade do guepardo ou da força do leão?

Não sabemos a resposta, embora eu suspeite que isso tenha acontecido. Jó parece sugerir que os anjos cantavam e gritavam de alegria durante a criação (ver Jó 38:7). Não é difícil imaginar altos louvores soando entre eles enquanto as montanhas se erguiam, as ondas começavam a rolar, os pássaros se punham a cantar e as flores iniciavam o desabrochar.

Então veio o sexto dia, o dia em que os homens foram formados. Imagino que a atmosfera tenha mudado e que os anjos ficaram boquiabertos, em silêncio, com seus olhos vendo maravilhados enquanto o Criador parava de falar e com Suas próprias mãos começava a moldar... *O que viria a ser aquilo? Na verdade, deve ser algo especial, já que Ele precisa formá-lo e moldá-lo com uma atenção tão meticulosa*, eles talvez tenham pensado. *Veja o cuidado com que Ele está formando e manuseando esta criatura.*

Mas a maravilha se transformou em choque e espanto quando Ele pegou essa criatura ainda sem vida — que tinha uma misteriosa semelhança com o próprio Criador — abraçou-a e deu-lhe o que parecia um beijo! Deus soprou, Adão inspirou e, emergindo de um lugar oculto em Seu coração sonhador, um ser que fora criado e descrito como "um pouco menor do que

Deus" entrou na História (ver Salmos 8:5). Era algo que ia além do inacreditável; era inimaginável. Deus havia praticamente clonado a Si mesmo, formando alguém à Sua própria imagem e semelhança.

Gene Edwards, com grande pungência e imaginação, captura a importância desse momento impressionante.

Ele fez uma pausa, estendeu a mão para baixo e pegou um pequeno punhado de terra. Ele olhou para o solo por um instante, então falou novamente. *"Desta terra vermelha criarei a mais elevada forma de vida dentro da esfera das coisas visíveis. A criatura que estou prestes a criar governará sobre o universo material assim como Eu governo sobre o universo espiritual."* Ditas essas palavras, o Senhor Deus começou a moldar, formar e modelar a terra vermelha.

Os anjos... olhavam, fascinados com a intensidade do seu Senhor. Eles notaram quão profundamente a solidão, tão própria Dele, estava entalhada em Seu rosto.

De repente, o olhar na face do Criador mudou. Ele estava buscando algo... algo em Seu próprio ser. Lentamente Ele tirou aquele elemento de Si mesmo e o imprimiu no barro.

Após dar o último retoque, Ele se afastou do bloco de barro úmido, permitindo que os anjos tivessem uma visão completa da sua obra concluída. Eles ficaram boquiabertos, maravilhados e clamaram juntos: É a Sua imagem! Visível![1]

É difícil imaginar o que os anjos devem ter sentido. Deus havia criado um ser à Sua imagem e semelhança, moldando-o com Suas próprias mãos e depois enchendo-o com o Seu próprio Espírito. O Seu sonho de família estava se realizando. E Ele ficou satisfeito — muito satisfeito. Por seis vezes na história da Criação o nosso Criador disse que o que Ele havia feito era "bom". Acho isso fascinante. Será que Deus estava se gabando, dando um tapinha em Suas próprias costas por ter feito um bom trabalho? É claro que não; não há orgulho Nele. Será que Ele estava surpreso? *"Uau, isto está ficando muito bom."* Certamente não foi esse o caso também. Uma explicação provável é que Deus simplesmente expressou a satisfação do Seu coração sonhador.

A Sua satisfação se tornou absoluta, porém, depois de criar Adão. Ao dizer pela sexta vez que a Criação era boa, o Arquiteto acrescentou uma palavra: "Isto é *muito* bom". Essa única palavra praticamente salta da página para mim. Você consegue ouvir o coração satisfeito de um sonhador quando Ele faz cada uma dessas afirmações, principalmente a última? O plano Dele estava se realizando, e como um pai orgulhoso curvado sobre um bebê recém-nascido, o Papai Deus estava saboreando o momento.

Lembro-me bem do nascimento de nossas duas filhas, Sarah e Hannah. O entusiasmo, o contentamento e a alegria avassaladora que senti quando as segurei pela primeira vez é difícil de expressar com palavras, mas posso lhe garantir que foi *muito* bom. Jeanette Lisefski, mãe de três filhos e fundadora da Associação Nacional de Mães em Casa, descreve esse sentimento do seguinte modo:

Ela desliza para este mundo e para dentro dos meus braços, colocada ali pelo Céu. Ela veio direto de Deus. Um presente indescritível. Quando olho para ela, paz e pureza enchem o ar que a cerca. Com lágrimas de alegria sussurro em seu ouvido: "Estamos felizes por você estar aqui. Esperamos tanto para ver você!" Ela abre os olhos, e sou transformada — um momento eterno preenchido pela infinitude da qual a vida é feita. Em seus olhos vejo reconhecimento total, amor incondicional e confiança completa. Sou mãe.

Deitada na cama, ela dorme entre seu papai e eu. Contamos os dedos dos pés e das mãos, e nos maravilhamos com a perfeição em uma forma tão pequenina. Procuramos detalhes que mostrem que ela se parece conosco, e outros que revelem que ela é exclusivamente ela mesma. Não temos nada a dizer, mas nossos corações e mentes estão cheios de pensamentos — das nossas esperanças e sonhos para ela, do que ela poderá vir a ser, de que dons ela traz consigo e de como ela poderia influenciar o mundo.[2]

Se nós, seres humanos, experimentamos esse misto de enlevo, contentamento e alegre expectativa com o nascimento de nossos filhos, o que deve ter sentido o Pai de toda a Criação e o doador da vida? Podemos apenas imaginar.

Em seguida a essa extraordinária execução do Seu sonho, Deus explicou o Seu plano, confiando aos humanos a administração do Seu magnífico lar. *"Vocês vão administrar a Terra para nós"*, Ele disse a Adão e Eva (ver Gênesis 1:26-28). Ao descrever esse papel, Ele usou palavras hebraicas que significavam "dominar", "administrar" e "governar". Ele estava dizendo claramente: *"Tomar conta do planeta é agora um trabalho em parceria, um empreendimento familiar. Eu dialogarei com vocês, ensinando-lhes os Meus caminhos e Me comunicando com vocês como Minha família e amigos. Vocês colocarão a mão na massa para administrar este paraíso".*

> **É inegável que herdamos a natureza sonhadora de Deus.**

Mas não era só isso, havia mais. Diferentemente dos animais, Adão e Eva não foram programados para agir sem pensar nem eram como os anjos, simplesmente esperando por uma ordem e a obedecendo em seguida. Eles eram capazes de processar as informações, eram pensadores, dotados da capacidade de raciocínio... E como seu Criador e Pai, eles também seriam sonhadores.

"Você também sonhará comigo, Adão", o nosso Pai talvez tenha dito a ele, pois isso era inquestionavelmente verdadeiro. *"Eu lhe revelarei as leis, os segredos e os recursos escondidos dentro da terra, e você usará a sua imaginação e inteligência incríveis para criar. Você descobrirá as leis da física e utilizará os poderes contidos nela. O seu sonho será empolgante, a ponto de tirar o fôlego, e os resultados serão surpreendentes à medida que você pensar em formas criativas para usar os recursos do seu lar cheio de possibilidades. Cada nova descoberta levará a outras e será fascinante, muito além dos seus sonhos mais loucos."*

Que plano maravilhoso!

O fato de que herdamos a natureza sonhadora de Deus é inegável. E milhares de anos e bilhões de pessoas depois, Ele ainda está nos convidando para o Seu mundo de sonhos — um sonhador de cada vez.

Entendo que a religião — um sistema de atividades voltadas para as obras, alicerçado na estrutura, por meio do qual a humanidade procura encontrar Deus — faz com que Ele pareça frio e distante. Mas a Bíblia deixa claro que Ele é a essência e a personificação do amor (ver 1 João 4:8). Mesmo após termos sido separados Dele pelo pecado de Adão, Ele nos amou tanto que enviou o Seu único Filho, encarnado como ser humano, para reverter essa separação (ver João 3:16). O Deus sonhador estava determinado a não permitir que nada colocasse fim ao Seu sonho de família.

Por causa disso, agora podemos voltar ao Seu programa de sonhos. Este livro é uma tentativa de recrutar você. Você foi *criado* para sonhar e você *precisa* sonhar — tanto para si mesmo *quanto para Deus*. Deus é o Autor dos seus sonhos, mas você é um canal para os sonhos Dele.

Há mais uma palavra associada à Criação que acho fascinante. A Bíblia nos diz que, após o Criador ter colocado Seu sonho em ação, Ele *"descansou"* (Gn 2:2). Durante anos, isso me pareceu estranho. Era simplesmente inimaginável para mim um Deus eterno e Todo-Poderoso precisando descansar. Lembro-me de que quando eu era criança, tentava imaginá-Lo tirando uma soneca, mas é claro que Deus não dorme realmente. Isaías 40:28 diz que Ele *"não se cansa nem se fatiga"*. As coisas ficaram mais claras quando descobri que *shabath*, a palavra para descanso, significa simplesmente "parar de trabalhar".

As coisas ficaram ainda mais claras, porém, quando descobri que outra definição para *shabath* é "celebrar". Muito semelhantemente à maneira como celebramos certos dias, como feriados, por exemplo, descansando do trabalho, esse é um dos significados do *shabat*. No sétimo dia, Deus parou de trabalhar e celebrou! Ele estava tão empolgado com a inauguração do Seu sonho que decidiu que isso seria comemorado com um "dia de celebração e descanso". Isso nos dá uma nova visão sobre a ideia de "guardar o Sábado!" A cada semana, no sétimo dia, deveríamos todos descansar e celebrar o fato de pertencermos à família de Deus.

E assim, com a Criação concluída, Deus agora estava pronto para dar asas ao Seu sonho. Podemos apenas imaginar que incrível prazer e alegria aguardavam por Ele e por Sua família... se uma terrível interrupção não houvesse ocorrido.

E, no entanto, até para essa situação, Ele tinha um plano.

Recapitulando

1. Defina o conceito de sonho com as suas próprias palavras.

2. Deus é um sonhador. Como a Criação retrata isso?

3. Qual é a importância de Deus nos ter criado à Sua própria imagem e semelhança?

4. Descreva algumas das diferenças entre homens e anjos.

5. O que significa celebrar o Sábado?

3

A Canção

Uma das grandes histórias sobre sonhos dos dias atuais tem uma semelhança incrível com parte da jornada do sonho de Deus. Nela podemos ver a impressionante determinação de Deus em manter o Seu sonho vivo e de nos manter em Seu programa de sonhos.

Ao competir no programa *Britain's Got Talent*, Susan Boyle estava perseguindo o sonho de uma vida inteira: ser uma cantora de sucesso. Sua idade, quarenta e sete anos, sua aparência sem graça e sua timidez fizeram os juízes e a plateia a olharem, inicialmente, com indiferença e desdém. Talvez você tenha notado como os juízes reagiram, no começo, à sua apresentação e entrevista de abertura: eles sorriam com zombaria e balançavam a cabeça de modo sarcástico. Era possível ouvir até mesmo alguns risos entre a multidão enquanto essa sonhadora pouco sensata compartilhava o seu sonho.

Então Susan começou a cantar.

Todos ficaram boquiabertos, o aplauso explodiu e uma estrela — ou devo dizer um sonho — nasceu.

Em uma análise rápida, o título da canção que Susan entoou naquela noite "Eu Tive um Sonho", extraída do musical *Os Miseráveis*, parecia perfeita para a história do "fenômeno" de meia-idade que estava realizando o seu sonho. A ironia, entretanto, é que a canção é, na verdade, bastante depressiva. É a história de uma pessoa que desistiu completamente de sonhar e termina com a frase: "Agora a vida matou o sonho que eu sonhara".

Que afirmação desanimadora! Que coisa trágica e triste... e como ela é comum! Mas a história não terminou ali para Susan Boyle — ela mudou o significado daquela canção! Essa mulher impressionante avançou contra tudo e contra todos e cantou uma das mais famosas canções sobre "sonhos mortos" para viver seu próprio sonho. Incrível. Uma canção a respeito da perda de um sonho agora traz inspiração para milhões de pessoas.

Um lamento deu à luz um sonho.

Deus cantou uma canção como essa. O Seu sonho mal começara quando o pai da mentira, o ladrão de sonhos, deturpou o que havia no coração Dele para Adão e Eva. "Deus está retendo informações de vocês!", foi a acusação de satanás. "Vocês devem libertar-se da opressão manipuladora Dele para poderem realmente ter grandes sonhos."

Que grande perversão da verdade!

Deus já tinha convidado Adão e Eva para firmarem com Ele a parceria de sonhos mais impressionante que já existiu.

Ele acabara de criar o tempo para eles (isso mesmo, eu disse que Ele acabara de criar o tempo!), havia moldado a Terra e a sua incrível abundância para eles desfrutarem e serem seus mordomos, e começava a se relacionar com eles como Sua família, Seus amigos e Seus parceiros de sonhos. O paraíso e bênçãos inimagináveis aguardavam por esses dois primeiros humanos e a família que eles viriam a formar.

Entretanto, aconteceu uma tragédia quando Adão e Eva acreditaram na mentira que satanás criou para roubar os sonhos. Uma dor imensurável veio em seguida e o sonho de Deus se tornou um pesadelo. A vida havia tentado matar o Seu sonho. Parecia que o sonho do Criador estava morto antes mesmo de começar por completo. Aparentemente, o ladrão de sonhos vencera.

Mas Deus é um sonhador incurável e Se recusou a desistir do Seu sonho! Na verdade, Ele já havia planejado algo caso um contratempo como esse acontecesse e estava pronto para pôr em prática um plano audacioso e incrível para a redenção do sonho. Algo brilhante, encantador e que, embora fosse um plano de sucesso, era também muito doloroso.

Quando Deus enviou o Seu Filho para resgatar o sonho, Cristo entrou em cena no palco da vida e começou a cantar. Como eram impressionantes as canções entoadas por Ele. Canções de amor, paz e cura saíram dos Seus lábios e de Suas mãos. Leprosos foram purificados e a pele apodrecida foi substituída por tecido saudável. Olhos que não enxergavam ficaram completamente maravilhados ao ver o mundo que os cercava pela primeira vez. Prostitutas marginalizadas se sentiram limpas e puras outra vez, paralíticos andaram e mortos voltaram a viver.

Deus estava pronto para pôr em prática um plano audacioso e incrível.

Mas de repente, ouviu-se um som horrível, como as notas estridentes de um violino tocado por um principiante. A música do amor parou, dando lugar ao canto do ódio. O cântico da redenção foi substituído por um lamento fúnebre, muito semelhante à canção que Susan Boyle cantou.

Que versos terríveis foram ouvidos enquanto o Autor da vida e Doador da esperança era espancado e torturado. Satanás era o compositor e parecia que o próprio inferno se tornara a orquestra. Na pessoa de Seu Filho, o sangue e a carne mutilada do próprio Deus — juntamente com a injustiça suprema da História — foram desfilados diante dos Seus torturadores que O ridicularizavam. O riso desdenhoso e a zombaria sarcástica vindos do reino de satanás celebraram o que parecia ser a morte derradeira do sonho de Deus.

Mas algo começou a dar terrivelmente errado para o príncipe das trevas. O Filho de Deus perseverou em cantar o lamento fúnebre, e enquanto Ele o fazia, aqueles versos cheios de ódio começaram a ser vencidos por Seu poder e pureza. Na galeria do Céu, um vislumbre de esperança começou a surgir. Seria possível? Sim, o impossível estava acontecendo! Por meio do sangue de Jesus derramado, a morte estava perdendo o seu aguilhão, o túmulo a sua vitória, o destruidor o seu poder sobre a humanidade.

O lamento fúnebre estava dando à luz um sonho!

Na maior reviravolta da história humana, Deus estava despindo o ladrão de sonhos do seu poder por intermédio do *seu próprio cântico!* A morte perdeu, a vida venceu! Quando Cristo clamou *"Está consumado"*, outra música começou a tocar, o cântico fúnebre morreu e a canção do sonho renasceu. Não apenas a canção do sonho de Deus, mas também do nosso.

Coloquei este capítulo aqui, bem no início do livro, porque sei que muitos de vocês tiveram seus sonhos aparentemente roubados pela vida. Quero que vocês continuem a ler este livro. Quero que voltem a sonhar. Quero que saibam que o próprio Deus teve o Seu sonho roubado, mas Se recusou a desistir. E assim como Ele retomou o Seu sonho, Ele sabe como transformar o seu lamento fúnebre no cântico do seu sonho.

Voltaremos a falar sobre a capacidade de Deus de ressuscitar sonhos no capítulo seguinte, com um testemunho da minha própria recuperação da "síndrome dos sonhos interrompidos". Mas, primeiro, quero que você reflita sobre a imagem a seguir.

No Palácio Real de Teerã, no Irã, pode-se ver um dos mais belos mosaicos do mundo. O teto e as paredes brilham como diamantes em reflexos multifacetados. Mas para criar essa obra de valor inigualável o arquiteto teve de destituir a destruição de seu poder.

Originalmente, quando o palácio foi projetado, o arquiteto especificou que as paredes fossem cobertas com enormes espelhos. Quando o primeiro carregamento chegou de Paris, foi descoberto, para o horror dos construtores, que os espelhos estavam quebrados. O contratante os jogou no lixo e levou a triste notícia ao arquiteto. Surpreendentemente, ele ordenou que todos os pedaços quebrados fossem recolhidos, depois os partiu em pedaços pequenos

O Arquiteto da vida projetou sonhos maravilhosos para você.

e os colou nas paredes, onde eles se tornaram um mosaico formado por pedacinhos de vidro prateados, cintilantes e espelhados.[1]

O Arquiteto da vida projetou sonhos maravilhosos para você. Se você foi partido em mil pedaços, Ele quer usar isso para criar um mosaico da Sua glória e apresentar você ao mundo como testemunho da Sua graça e amor. José continuou sonhando na sua prisão e, finalmente, refletiu o mosaico da sabedoria real e da virtude de Deus (ver Gênesis 38–50). O rei Davi continuou sonhando, mesmo após ser marginalizado e ter ido viver nas cavernas de Adulão, até que por fim revelou como era um homem segundo o coração de Deus (ver 1 Samuel 18–31).

Deus tem planos e projetos para você também. Para alguns, eles serão novos sonhos; para outros, serão sonhos partidos reconstruídos pelo próprio Mestre Sonhador enquanto Ele transforma o seu lamento fúnebre em um hino. Permita que Ele reconstrua ou até recrie o sonho Dele dentro de você para que você possa, mais uma vez, cantar o Seu cântico e refletir a Sua glória.

Você nasceu para sonhar.

Recapitulando

1. Explique a ironia presente na canção de sucesso de Susan Boyle "Eu Tive um Sonho".

2. Você consegue se lembrar de alguém que tenha retomado o poder de sonhar? Que características você viu nessa pessoa com as quais você pode aprender?

3. Como satanás, o ladrão de sonhos, interrompeu o sonho de Deus?

4. Pense em um sonho que você permitiu morrer. É possível Deus querer ressuscitá-lo, mesmo que de outra forma?

5. Pense na persistência de Deus em recuperar o Seu sonho. Permita que isso inspire você. Em que área da vida você precisa perseverar atualmente?

4

Nascido para Sonhar

E i, mãe! — gritou Sarah, minha filha mais velha. — Feche os olhos até nós dizermos para você abrir.

Sarah e Hannah tinham cinco e três anos de idade na época — mas se achavam com vinte e dezoito anos, respectivamente! As meninas ainda não podiam ser vistas, pois estavam em outro cômodo esperando para fazer sua entrada grandiosa.

— Tudo bem, mamãe, abra os olhos! — gritou Hannah.

Entraram na cozinha duas jovens senhoritas com os sapatos de salto alto da mamãe, seus vestidos, bolsas, batom, maquiagem e joias, prontas para desfilar e se exibirem. Feliz e orgulhosa demais para ficar zangada — e esperando que o batom borrasse apenas as bocas das meninas e não o tapete — mamãe brincou com elas e trouxe a câmera. O Desfile de Modas da Família Sheets estava a pleno vapor.

Que mãe de garotinhas não passou por algo assim? E que pai de meninos nunca os viu encenar de alguma forma o comportamento de um homem adulto — fingindo ser um soldado, um caçador, um famoso esportista ou um empresário? Quando meu irmão Tim e eu éramos crianças, nosso pai era evangelista e pastor. Mamãe tem um retrato de nós dois aos quatro e três anos de idade usando uma pequena escada como púlpito com uma Bíblia em cima dela. Nós, os dois garotos, estávamos "pregando o evangelho" com fervor. Milhares de pessoas foram salvas!

Seja uma criança pequena sonhando em ser adulta, seja um adolescente fantasiando em transformar o mundo ou um adulto planejando seu futuro, todos nós somos sonhadores. Alguma força interna nos empurra a pensar no futuro: a festa desta noite, a viagem da próxima semana ou a reforma do ano seguinte. Independentemente do tema, estamos sempre pensando em nossos amanhãs.

Não tem jeito! É da nossa natureza sonhar. O nosso Criador é um sonhador, e Ele colocou dentro de nós a Sua natureza sonhadora. Feitos à Sua imagem e semelhança, não podemos simplesmente ser como os anjos ou os animais, que não sonham. Os anjos fazem apenas o que lhes é ordenado fazer e os animais agem com base em instintos ou imitam seus pais. Até os animais que parecem pensar à frente — acumulando alimento para o período de inverno, construindo uma "casa" ou voando para o sul no inverno — não estão planejando, estão agindo por instinto. No entanto, quando nós fazemos esse tipo de coisas, estamos imaginando e visualizando o futuro. Estamos sonhando.

Diferentemente das minhas meninas fantasiando ser como a mãe delas, um pavão bebê não coloca penas de faz de conta e desfila para se exibir. Uma lagarta não sonha em um dia ter as asas e as cores de uma linda borboleta; ela nem sequer deseja poder voar. Os leões não inventam novas maneiras de matar a presa e o salmão não anseia pelo dia

Alguma força interna nos empurra a pensar no futuro.

que nadará de volta para "casa". Nenhuma dessas criaturas foi abençoada com uma natureza sonhadora; Deus não confiou isso a Eles. Somente os humanos são assim.

Isso significa que os animais têm limitações preestabelecidas quanto ao que eles podem fazer e se tornar. Nós não. Através do poder da imaginação e da criatividade, Deus dotou os seres humanos de capacidade e potencial quase ilimitado. Administramos a nossa casa — a Terra — e cuidamos dos seus recursos. Crescemos e maximizamos os nossos dons e talentos inerentes, moldando e modelando o nosso futuro. Construímos e inventamos por meio da descoberta, do domínio e da utilização das leis da física e da ciência. Produzimos materiais em massa e remodelamos os elementos da terra, transformando-os em aço, concreto, borracha e outros produtos utilizáveis.

Como um viciado em adrenalina buscando sempre uma nova aventura, somos irremediavelmente viciados na sensação que nos provoca perseguir, descobrir ou criar algo novo. Não tem jeito! Fomos feitos à imagem de Deus, portanto, *sonhamos*. Sonhamos, logo *criamos*. A Bíblia até associa o ato de sonhar a criar, um fato que já mencionei e que examinarei mais detalhadamente adiante. Tanto a observação quanto a História nos ensinam que isso é verdade. Se você não sonha, também não cria, porque criar *é simplesmente transferir os sonhos da esfera do pensamento para o mundo concreto.*

Conta-se a história de um jovem desajustado apelidado de "Sparky" que sonhava. E criava. Muitos obstáculos tentaram pará-lo, mas o sonho sobreviveu.

Para Sparky, a escola era algo quase impossível. Ele foi reprovado em todas as matérias na oitava série. No Ensino Médio, ele não passou em física, latim, álgebra e redação. Ele não se saía bem nos esportes também. Ele conseguiu entrar para o time de golfe da escola, mas logo perdeu o único jogo importante da temporada.

Sparky não sabia lidar com as pessoas em ambientes sociais. Ele não sabia como reagir se um colega de turma o cumprimentava. E quanto a namorar? Bem, isso estava totalmente fora de questão. Sparky era um fracassado, e todos sabiam disso. De algum modo, ele aprendeu a conviver com essas coisas, aprendendo a estar contente.

Desenhar, entretanto, era importante para Sparky, e ele tinha orgulho de sua arte. Ele também sofreu rejeição nessa área. Seus desenhos foram recusados pela Disney e até mesmo pelo anuário do colégio. Mais um fracasso para o fracassado.

Sparky decidiu escrever a sua própria história — usando a linguagem dos quadrinhos. Ele descrevia a si mesmo, um garotinho que era um fracassado crônico e que se saía mal em tudo. E aquele garotinho dos quadrinhos, que foi rejeitado tantas vezes, é conhecido em todo o mundo como Charlie Brown. As tirinhas *Peanuts*, que contam a história de Minduim, ajudaram Charles Schulz a deixar de ser um desajustado para se tornar um fenômeno.[1]

Felizmente, para Charles Schultz e para os amantes de histórias em quadrinhos do mundo inteiro, ele não desistiu de sonhar. Se ele tivesse desistido, o talento criativo e a imaginação de Charlie teriam ficado trancados em sua mente brilhante. O seu sonho nunca se materializaria e ele nunca alcançaria o seu destino se tivesse desistido.

A natureza sonhadora que há em você quer e precisa de uma saída. Se você não sonha, uma parte de quem você foi criado para ser parou de funcionar. E, como veremos, se você não sonha, está se privando de viver pelo menos uma parte do seu futuro. *Seu destino precisa que você sonhe!*

Monty Roberts era o filho de um treinador de cavalos itinerante que trabalhava duro treinando cavalos em muitas fazendas, estábulos e ranchos. Seus estudos durante o Ensino Médio eram constantemente interrompidos por causa do seu horário de trabalho. Quando estava no último ano, um dos professores lhe pediu que fizesse um trabalho sobre o que ele queria ser e fazer quando crescesse. Monty fez um extenso trabalho descrevendo o seu objetivo de um dia ser o proprietário de um rancho magnífico para cavalos. Ele desenhou um diagrama do rancho dos seus sonhos, que teria 80 hectares de terra, detalhando a localização dos prédios, os estábulos, a pista e a casa de 1.200 metros quadrados. Uma grande parte do seu coração estava naquele projeto.

Alguns dias depois, Monty recebeu o trabalho de volta de seu professor com uma nota vermelha. Quando ele perguntou o motivo, o professor respondeu: "Este é um sonho irreal para um garoto como você. Você não tem recursos nem dinheiro. Você precisaria comprar terra, adquirir reprodutoras, pagar as cobrições, entre outras coisas. Não há como você conseguir fazer isso". Então o professor acrescentou: "Se você reescrever este trabalho, com um objetivo mais realista, reconsiderarei a sua nota".

Monty refletiu cuidadosamente sobre o assunto por uma semana. Finalmente, ele devolveu o mesmo trabalho, sem fazer mudança alguma, e informou ao professor que tentava roubar o seu sonho: "Pode ficar com a nota vermelha, mas eu vou ficar com o meu sonho".

Anos depois, o sonho de Monty se tornou realidade. Ele agora mora em um rancho de 80 hectares e o trabalho feito por ele na escola está emoldurado acima da lareira.[2]

Não permita que nada roube o seu sonho e não reprima a sua natureza sonhadora. O seu destino está em jogo.

Há algum tempo passei por um período de esperança adiada que tentou me forçar a parar de sonhar. Vários empreendimentos importantes do nosso ministério, todos ligados às minhas esperanças e sonhos de ver um Terceiro Grande Despertamento nos Estados Unidos, estavam passando por graves dificuldades. Sofri muito, porque amo o meu país imensamente. Durante esse mesmo período, sofri uma grave traição e algumas promessas que me fizeram foram quebradas. Como resultado disso, as finanças do nosso ministério foram seriamente afetadas. Estávamos quase falidos. A síndrome da "esperança adiada" começou a se instalar.

Não permita que nada roube o seu sonho e não reprima sua natureza sonhadora. O seu destino está em jogo.

"A esperança adiada", mencionada em Provérbios 13:12 (ACF), é simplesmente

uma expressão que descreve o fruto dos sonhos quebrados ou dos planos fracassados. Acontece com todo mundo — a esperança adiada é equivalente a uma gripe da alma. Se ela não for tratada, contudo, o versículo prossegue nos dizendo que pode deixar o coração doente, emocional e espiritualmente. Como resultado disso, paramos de sonhar e começamos a morrer. E, com certeza, paramos de criar.

Enquanto passava por esse período, percebi que inconscientemente havia começado a me fechar em algumas áreas da minha vida. Embora os efeitos ainda fossem bastante sutis em princípio — a maioria das pessoas não conseguiria enxergar o que acontecia comigo — minhas emoções estavam sendo afetadas e minha paixão começava a desvanecer. À medida que os sintomas se intensificaram, a minha criatividade começou a diminuir inevitavelmente. Só os sonhadores criam. Aqueles que não sonham, param, e por fim, acabam ficando estagnados.

A última coisa que perdemos durante o processo da esperança adiada é a capacidade de correr riscos. Eu quase cheguei a esse ponto, tendo pensamentos que destroem os sonhos, por exemplo, *Por que simplesmente não se importar, como a maioria das outras pessoas, e pensar mais em si mesmo? Pare de se importar tanto com a nação, Dutch. Você só vai se decepcionar ainda mais. Pregue mensagens e escreva livros que deixem as pessoas felizes e sejam rentáveis. Não fique desafiando as pessoas e alertando-as sobre o estado em que o país se encontra. Como tantos outros líderes, simplesmente sorria e deixe que as pessoas acreditem que está tudo bem em nossa nação. Deixe as coisas como estão. Relaxe. Não corra riscos. Pare de se arriscar.*

Meu coração estava começando a adoecer.

Se isso tivesse continuado, os meus dias como agente de mudança teriam chegado ao fim, porque, como todos nós sabemos, só aqueles que correm riscos são agentes de mudança. Aqueles que temem correr riscos sempre vão deixar as coisas do jeito que estão. Para eles, o jeito que está já é bom o suficiente. As pessoas que vivem dessa forma tornam a mediocridade um padrão. E aquelas que preferem não correr risco terão por fim que jogar segundo as regras de outra pessoa, ainda que essas regras sejam inapropriadas e precisem mudar. Tenho um adesivo na minha caminhonete que diz isso de forma muito eloquente: "Se você não é o cão que está guiando a matilha, o cenário nunca muda". Quero me arriscar e quero mudar o cenário do meu país. Não gosto das regras propostas pelas vozes cada vez mais crescentes que querem retirar o Cristianismo da essência do nosso país. E com certeza não gosto de ficar olhando o traseiro delas!

O que fiz para reverter essa doença do coração? No instante em que percebi o que estava acontecendo, falei com Deus, dizendo a Ele que eu reconhecia os sintomas da esperança adiada. Agradeci a Ele por me revelar aquilo e depois pedi a Ele para curar e despertar o meu coração para que eu pudesse voltar a sonhar.

Ele foi fiel. Como de costume, o processo levou algum tempo, mas o Espírito Santo me encheu de energia novamente. Por isso estou escrevendo este livro. Voltei a sonhar e estou empolgado com o futuro — e até mesmo com os riscos que ele pode trazer.

Ronald Meredith, em seu livro *Hurryin' Big for Little Reasons* (Correndo Muito por Motivos Pequenos), descreve uma noite tranquila no começo da primavera:

De repente, no meio da noite, comecei a ouvir gansos selvagens voando. Corri para casa e anunciei, sem fôlego, o entusiasmo que sentia. Nada se compara a gansos selvagens cruzando a lua cheia! As coisas poderiam ter acabado ali se não fosse pela visão dos nossos patos domesticados que moravam no lago. Eles ouviram o chamado selvagem que um dia conheceram. O grasnar noturno era como um apelo ao passado selvagem deles. Suas asas se agitaram em uma resposta débil. A vontade de voar — de ocupar o seu lugar no céu para o qual Deus os criou — estava soando em seus peitos emplumados, mas eles permaneceram na água e nunca levantaram voo.

Essa questão tinha sido resolvida há muito tempo. O milho do celeiro era mais do que satisfatório! Agora o desejo deles de voar só os fazia se sentirem desconfortáveis.[3]

Se você parou de voar, tome a decisão de voar novamente. Se você parou de sonhar, diga aos que são "do contra" que eles podem ficar com a nota vermelha deles, porque você foi feito para sonhar. Se a perda ou a dor gerou a síndrome da esperança adiada em você, peça a Deus para curar o seu coração e despertar a sua natureza sonhadora. Ele fará isso. Jó 14:7-9 diz: *"Para a árvore pelo menos há esperança: se é cortada, torna a brotar... com o cheiro de água ela brotará e dará ramos como se fosse muda plantada"*.

Há esperança para você também. Seja como essa árvore. Coloque o seu nariz ao vento e veja Deus enviar a doce fragrância de um sonho flutuando em sua direção. Ele o fará. Ele ama dar novos começos, e Ele ama quando você sonha.

Recapitulando

1. Quais são alguns dos indicadores práticos que mostram como sonhar faz parte da nossa natureza?

2. Este capítulo afirma: "Se você não sonha, também não cria". Explique por que isso é verdade.

3. Explique o que significa "esperança adiada".

4. Relacione a progressão da esperança adiada e o seu efeito nos sonhos.

5. O que pode ser feito para despertar os sonhos em você outra vez?

5

Sonhando o Nosso Destino

Quando Steve Cauthen tinha nove anos, ele trabalhava ajudando seu pai na fazenda. Nas horas vagas, quando não estava juntando feno, ele gostava de saltar sobre os fardos embalados, fingindo estar montado em um cavalo de corrida. Uma vez, quando seu pai disse: "Pare de sonhar acordado, garoto, e coloque o fardo de feno no caminhão", Steve respondeu: "Vou fazer isso assim que eu vencer a corrida de Belmont Stakes". E, de fato, quando aquele jovem montado em um fardo de feno cresceu, ele ganhou a Tríplice Coroa aos dezoito anos de idade. O sonho que teve aos nove anos impulsionou Steve Cauthen a se tornar um dos jóqueis mais bem-sucedidos do mundo.[1]

Uau, amo essa história!

Sonho e destino estão ligados. Se você não sonhar, nunca alcançará o seu destino. O desejo de descobrir e cumprir o nosso propósito é uma das forças mais poderosas que nos impulsionam. Mas será que realmente temos um propósito que nos foi dado por Deus? Todos nós queremos ter um, pelo menos é isso que as pesquisas mostram. A revista *USA Today* fez uma pesquisa há alguns anos. Nessa pesquisa eles perguntaram a pessoas escolhidas aleatoriamente qual pergunta elas mais gostariam de fazer para Deus. Eu esperava que a pergunta mais frequente dissesse respeito ao destino eterno de um ente querido que tivesse morrido, ou talvez por que o sofrimento existe, ou quem sabe até onde a pessoa que estava sendo entrevistada passaria a eternidade. Nada disso. Você acertou: o primeiro lugar foi para os que buscam um propósito, que indagaram: "Qual é o propósito da minha existência?" Duas vezes mais entrevistados fizeram essa pergunta do que qualquer outra.

Fiquei chocado. As pessoas, em geral, se importam mais com o significado da vida do que com o lugar onde vão passar a eternidade.

Essa se tornou a preocupação principal que motivou os alunos de faculdade nos Estados Unidos a procurarem seus conselheiros e professores. Eles querem mais que uma carreira; eles querem acreditar que suas vidas farão uma diferença para os outros.

Suponho que isso não deveria me surpreender. Há muito tempo sei que toda pessoa anseia por se sentir importante e merecedora. Esses aspectos, que fazem parte de uma autoimagem saudável, estão ligados à nossa crença de que a nossa vida tem de fato um propósito. Talvez Myles Monroe estivesse certo quando disse: "A maior tragédia da vida não é a morte, mas uma vida que falha em cumprir o seu propósito".[2]

O dicionário define *propósito* como "um resultado esperado que é pretendido ou que guia os seus atos planejados" e "a razão pela qual algo é feito ou criado ou para a qual algo existe". Expandir o conceito de "propósito" para o de "destino" coloca o Criador em cena; significa acreditar que *Ele* ordenou a nossa existência, e depois nos criou tendo em mente um projeto e intenção.

O Salmo 139:13-18 confirma essa crença. Toda a passagem está relacionada ao nosso tópico, mas o versículo 16 é especialmente direto: *"Os Teus olhos viram o meu embrião; todos os dias determinados para mim foram escritos no Teu livro antes de qualquer deles existir".* *Determinados* vem da palavra em hebraico *yatsar* que, como mencionamos no nosso capítulo de abertura, também é uma das palavras bíblicas para *criar*. Considerando que um criador tem um propósito em mente para a sua criação, a palavra também significa "predestinado". Essa passagem afirma enfaticamente que Deus determinou um destino para nós e o registrou em um livro *antes mesmo de nós nascermos*. (Você não adoraria dar uma olhada nesse livro?)

O Novo Testamento confirma isso. A palavra *propósito* vem da palavra grega *prothesis*. O prefixo *pro* significa "pré" ou "de antemão", e você pode facilmente imaginar o significado da palavra raiz *thesis*. O nosso termo tese — um relatório ou ensaio explicando uma teoria, um estudo ou projeto — é derivado dessa palavra. Deus "de antemão, escreveu uma tese" sobre as nossas vidas. É exatamente isso que o Salmo 139:16 diz de forma tão eloquente.

Se isso não for o suficiente para nos fazer sentir seguros, Deus não apenas projetou um plano, criando um *o que* e um *por que* para nós, como Ele também escolheu o nosso *quando* e *onde*. Atos 17:26 diz que Ele *"determinou os [nossos] tempos anteriormente estabelecidos e os lugares exatos em que deveriam[os] habitar"*. Você pode ter certeza que não há nada acidental em relação à sua existência, nem mesmo o tempo e o lugar do seu nascimento. Ele sabe quando a sua marca é necessária na História.

No fim do século 18, o Senhor escolheu um destino notável para um jovem na Inglaterra, um destino que ajudaria a moldar a história de uma nação. E como escreve Steven Dyer, até mesmo a data da partida daquele homem para o Céu provaria ser profundamente significativa.

> O filme *Amazing Grace* (Maravilhosa Graça) conta a história de William Wilberforce, que liderou os esforços para erradicar a escravidão da Grã-Bretanha. Quando o mordomo de Wilberforce lhe perguntou, após a sua conversão, se ele havia encontrado a Deus, sua resposta foi: "Acho que Ele me encontrou".
> De fato, Deus encontrou Wilberforce, que se tornou íntimo de Seu coração e desejos, a ponto de nenhum preço ser alto demais para ver o sonho se realizar. O seu anseio por ver o fim da escravidão era tão avassalador que resultou em dores de estômago, pesadelos, zombaria e quatro décadas de trabalho incansável. Mas dias antes da sua morte o voto decisivo veio para eliminar a escravidão da Inglaterra. Quando a lei foi formalizada três dias depois do voto, o espírito de Wilberforce deixou este mundo. Thomas Buxton, membro do Parlamento na época, disse a respeito de

Wilberforce: "O dia que marcou o término dos seus trabalhos marcou o término da sua vida".[3]

Que excelente exemplo da maneira como Deus escolhe o nosso tempo e momento. A maioria de nós nunca será tão famosa quanto Wilberforce, mas esse não deve ser o objetivo dos nossos sonhos. Devemos nos esforçar para obter reconhecimento no Céu, não na Terra. Deus precisa de você tanto quanto Ele precisava de Wilberforce. E como Deus nunca age sem propósito, o fato de você estar vivo é a prova de que você tem algo que esta geração necessita.

Ter a certeza de termos um destino, porém, não basta. Assim como Steve Cauthen montado em seu fardo de feno, ou algo mais significativo, como a espera de Wilberforce por ver a injustiça da escravidão terminada, o destino que Deus lhe deu está inextricavelmente ligado ao seu sonho. Como Batman e Robin, representantes extraordinários do combate ao crime, esses dois elementos que envolvem o seu futuro são inseparáveis, como duas metades de uma laranja, almas gêmeas — tudo bem, vou parar com os clichês, mas quero ter certeza de que você entendeu: eles estão ligados. Um não pode funcionar sem o outro. *Fomos destinados a sonhar e sonhamos para alcançar o nosso destino.*

Pense nos sonhos como a divisão do seu destino em diferentes fases. A sua vida não consistirá de um sonho, mas de muitos. Todos nós teremos sonhos diferentes para as diversas áreas da nossa vida — trabalho,

À medida que buscamos a vontade de Deus para as nossas vidas, Ele coloca desejos em nossos corações.

família, prazeres, e assim por diante — e também para cada fase. Se permitirmos que o nosso Criador influencie esse processo, Ele nos direcionará para o nosso propósito e destino *de sonho em sonho*. À medida que buscamos a vontade de Deus para as nossas vidas, Ele coloca desejos em nossos corações, sabendo que, quando forem cumpridos, eles nos prepararão para a próxima fase (e muitas vezes nos levarão a ela). *A vida, então, deve ser uma série de sonhos que, quando somados, se transformam no propósito para o qual você foi destinado.* Como um diorama, que é uma imagem ou uma série de imagens representando uma cena contínua, esse é o nosso "sonhorama".

Se você não sonha, sua vida se transformará em algo totalmente aleatório, impelida pelos ventos das circunstâncias ou pela transitoriedade das suas emoções. A espontaneidade é maravilhosa, mas o seu propósito e o seu destino exigem a intencionalidade do sonho. Se você costumava sonhar, mas em algum ponto deixou de fazê-lo, o seu destino foi protelado.

Tudo que fiz em meu ministério foi construído a partir de algo que aconteceu no passado. Anos atrás sonhei em ser um intercessor eficaz e poderoso, o que levou a milhares de horas de leitura e estudo. Isso me induziu, quinze anos depois, a escrever um *best-seller* sobre intercessão, *Oração Intercessória*. Ser um pastor de jovens, fazer missões, ser um líder de adoração, ensinar em um instituto bíblico, ser um pastor titular — todas essas fases do meu destino foram usadas por Deus para moldar o meu sonhorama.

Obviamente, não estou me referindo a sonhos insignificantes, como assistir ao final de um campeonato de futebol ou saltar de paraquedas — desejos comuns na lista das coisas que as pessoas desejam fazer antes de morrer — exceto, claro, que você esteja sonhando em ser um jogador de futebol ou um paraquedista. Esses objetivos divertidos são bons para acrescentar certo tempero à vida, dando-nos algo para aguardarmos com expectativa, mas eles não são sonhos de destino. Estou me referindo aqui a objetivos que direcionam a vida, como encontrar o seu cônjuge, criar filhos, escolher e seguir uma carreira, e tudo o que fazemos ao longo da vida para servir a Deus e aos outros. Essas decisões importantes conectam-se umas às outras para formar o nosso sonhorama, levando-nos a alcançar o propósito para o qual fomos destinados.

De vez em quando nos surpreendemos com as voltas que a vida dá, e então olhamos para trás. Vemos como Deus nos teceu cuidadosamente, até mesmo colocando os Seus desejos e sonhos em nossos corações. Pensávamos que eles eram nossos. Ele sabia desde o começo que eram Dele.

Um casal de amigos nossos experimentou isso de uma maneira muito profunda. Leia a história de Elizabeth Wilkerson, em suas próprias palavras, e veja como ela e Deus sonharam juntos para adotar uma garotinha na África. Essa história é mais longa do que as que eu normalmente usaria para ilustrar uma ideia, mas é tão boa que eu a incluí na sua totalidade. Pegue alguns lenços e a aprecie.

Embora a maioria das meninas da minha idade tivesse pôsteres do *New Kids on the Block* colados nas paredes, os murais em meu quarto refletiam um desejo diferente: os órfãos da África. Eles tinham formas e tamanhos distintos, mas um denominador comum: eram africanos e haviam conquistado o meu coração. Não era algo que eu podia explicar; afinal, eu nunca havia ido àquele vasto continente nem tinha idade suficiente para ser casada ou ter filhos. Ainda assim, eu sonhava com a minha filha. Ela estava lá, eu tinha certeza. Um dia eu iria à África e a traria para casa.

Ao longo dos meus anos de faculdade, fiz muitas viagens missionárias e estudei com a JOCUM. Mas os meus pés ainda não haviam pisado no solo africano. Ela continuava lá, no fundo do meu coração, e eu ansiava por conhecê-la.

Quando meu marido e eu nos conhecemos, questionei-o acerca das suas ideias sobre a adoção e especificamente a respeito de adotar uma criança africana. Ele era totalmente a favor de adotarmos ou acolhermos uma criança de acordo com aquilo que Deus colocasse em nossos corações. Nós nos casamos e tivemos nossa primeira filha, mas nossa espera não havia terminado.

Depois de um doloroso aborto espontâneo e de um período de refinamento, eu estava adorando o Senhor e a vi, em uma visão. Eu estava com minha filha biológica Clara à minha esquerda e minha filha africana à minha direita. Em um sopro rápido o Senhor restaurou a minha esperança. Fui falar com o meu marido e contei o que havia visto. Ele disse: "Creio que este pode ser o momento de começarmos o processo de adoção".

Ao longo das semanas seguintes, recebemos informações de mais de dez agências de adoção. Sentei-me cm minha cama soterrada entre panfletos e folhetos e chorei. Iniciar e concluir uma adoção internacional estava começando a parecer algo semelhante a subir o monte Everest, outro sonho inatingível. O custo? O tempo? As incertezas? Perplexos e arrasados, fomos à igreja como em qualquer domingo. Tivemos uma pregadora convidada naquele dia; ela frequentava a nossa igreja regularmente, embora eu ainda não a conhecesse. Ela começou a falar e meu queixo caiu. Ela falou acerca do que estava no coração dela sobre os órfãos da Etiópia, e contou sobre o orfanato que dirigia naquele lugar. Ela nos informou sobre a agência de adoção com a qual ela trabalhava para colocar essas crianças em lares amorosos.

Fomos correndo atrás dela depois do culto e a bombardeamos com todas as nossas perguntas. Dentro de alguns minutos, muitos dos nossos temores iniciais foram apaziguados, e uma semana depois entregamos o nosso pedido e começamos a preencher uma montanha de papéis.

O nosso processo de adoção teve início em junho de 2008. Havia obstáculos a serem superados — no começo, principalmente financeiros. O meu sonho sempre incluiu o fato de eu estar mais velha e, portanto, com maior estabilidade financeira, para que pudéssemos financiar a adoção com nossos próprios recursos. O tempo do Senhor era claramente aquele, portanto a minha fé teria de se esticar. O nosso fundo de emergência de mil dólares não ia nos ajudar muito para financiar uma adoção de 30 mil dólares. Ainda assim, seguimos em frente. Toda vez que tínhamos de fazer um cheque, o dinheiro estava sempre lá, milagrosamente. Recebemos fundos, organizamos um jantar, meu marido teve trabalho extra, recebemos uma doação e fizemos muitos bazares com coisas que tínhamos em casa.

> "O tempo do Senhor era claramente aquele, portanto a minha fé teria de se esticar."

Em 27 de maio de 2009, vimos a foto dela pela primeira vez em um e-mail que a nossa agência nos enviou. Estávamos em nossas férias anuais em família, e receber isso foi a última coisa que eu esperava. O e-mail era simples, mas a foto dela não. Ela nos cativou desde o instante em que a vimos pela primeira vez. Seus grandes olhos castanhos eram apagados e sem expressão, no entanto eles chamavam por mim.

O nosso maior obstáculo veio e continuou a existir por um bom tempo — a documentação dela. Havia complicações constantes, erros e atrasos. O caso dela era extremamente singular, e a nossa agência trabalhou virando noites para fazê-la chegar até nós. Esperamos e oramos. Depois de nove meses e esforços corajosos, nossa agência ligou: "Acho que não podemos trazê-la para casa. Vocês poderiam considerar a hipótese de adotar outra criança?" Isso estava fora de questão. Durante nove meses havíamos orado por ela, mencionando-a pelo nome. Ela era tão real para mim quanto a minha filha sentada ao meu lado. Se não lutássemos por ela, quem lutaria? Ela seria a nossa filha, não importa quanto tempo levasse. Então oramos e jejuamos.

No meu aniversário, seis semanas depois, ouvimos uma batida inesperada em nossa porta da frente. Abri a porta e dei de cara com um monte de balões e três cartazes que diziam "VOCÊS FORAM APROVADOS". Meus joelhos ficaram fracos e lágrimas escorreram dos meus olhos. Ela era nossa, legalmente nossa. Meu marido e eu ficamos parados, chocados.

Nem sabíamos que tínhamos uma data marcada no tribunal. A nossa diretora de adoções nos informou que nem ela sabia a data da nossa audiência. Para melhorar ainda mais as coisas, nossa filha havia sido aprovada para ser adotada no mesmo dia que seu melhor amigo do orfanato. Ele iria para uma família da nossa cidade, a cinco quilômetros de distância. A amizade deles continuaria intacta.

Um mês depois, meu marido e eu embarcamos no avião com destino a Addis Ababa, na Etiópia. Em 2 de maio de 2010, entramos na sala escura de um orfanato cheia de crianças tirando uma soneca. No canto, ali estava ela vestida com o vestido que eu enviara meses antes. Fui até ela e seus grandes olhos castanhos olharam fixamente para mim. Ela me permitiu segurá-la e não me largou a semana inteira. Surpreendentemente, houve poucas lágrimas — apenas uma profunda certeza de que pertencíamos uma à outra, e há muito tempo. Voltamos para casa da Etiópia, extraordinariamente, no dia das mães de 2010, com uma multidão de familiares e amigos nos aguardando no aeroporto para celebrar a chegada de nossa filha Moriah. Foi então que as minhas lágrimas vieram. Pela primeira vez em sua vida ela estava sendo celebrada. Ela estava em casa.

Nossa filha era uma órfã mal nutrida e abatida. Hoje, ela é uma garotinha cheia de energia e bochechuda. Recentemente, eu estava entrando em uma loja com ela e um estranho se dirigiu a mim e perguntou: "Por que você a adotou?" Então me lembrei do mural há tantos anos, sorri e respondi: "Eu sempre soube que tinha uma filha na África".

Ela era minha e eu era dela. Antes que eu a conhecesse, ela já havia sido gravada em meu coração, era uma parte do meu destino.

Sonhos celestiais? Sem dúvida! E sonhos de destino? Pergunte a Moriah. Sonhar com Deus é muito mais empolgante do que sonhar sonhos terrenos! Não desperdice o seu destino investindo suas paixões somente em desejos temporais. Peça ao seu Mestre para despertar em você as paixões que Ele ocultou no seu coração — e escreveu no Seu livro. Quando Ele fizer isso, de acordo com um versículo do Antigo Testamento, pelo menos seis coisas acontecerão.

Recapitulando

1. Reúna e reescreva as definições do dicionário para *propósito* fornecidas neste capítulo.

2. Como as referências do Antigo Testamento e do Novo Testamento reforçam essa definição e a promovem do ponto de vista de Deus?

3. Explique o significado da palavra grega *prothesis*. Como ela se relaciona a *yatsar*?

4. Explique o que é um "sonhorama".

5. Compartilhe o seu sonhorama até o ponto atual da sua vida. Anote sobre quais sonhos você permitiu que Deus tivesse influência, e os sonhos sobre quais você não permitiu. Inclua também objetivos divertidos, objetivos de vida e os tempos em que você não sonhava.

6

Sonhar ou Decorar

Ninguém jamais imaginou que Charles Dutton seria alguém um dia, pois ele passou muitos anos na prisão por homicídio culposo. Quando lhe perguntaram como ele conseguiu fazer uma transição tão incrível, esse agora bem-sucedido astro da Broadway respondeu: "Diferentemente dos outros prisioneiros, eu nunca decorei a minha cela".[1]

A arte de decorar celas é comum, mas não natural — é uma arte que os homens aprendem, não é algo que nasce com eles. Não foi o que o nosso Criador planejou para nós, pois essa prática é o equivalente a não ter sonhos ou propósito. Decorar a própria cela significa decidir tornar permanente algo que faz parte da nossa rotina atual.

Você não precisa estar em uma prisão para viver em uma cela. Talvez a sua cela seja o seu emprego atual; o emprego que você acaba de perder, que o tornou prisioneiro de circunstâncias desagradáveis, pode ser a sua cela de prisão. Um relacionamento desfeito, o abuso e a ofensa sofridos, a pobreza na qual foi criado, a injustiça que sofreu, o desafio pessoal que você parece incapaz de vencer — as celas vêm de todas as formas e tamanhos. Se você permitir, elas o aprisionarão em um lugar de confinamento, isolamento, desespero, desesperança e inatividade. O efeito final delas, se não for detido, será roubar de você o seu futuro.

Há uma boa notícia, porém, com relação a essa "Alcatraz" da alma. Você possui uma chave que destrancará a porta dessa prisão. Qual é essa chave? Sonhar. A única coisa que pode mantê-lo trancado em sua cela é perder a vontade de sonhar. Você terá de escolher entre sonhar ou decorar.

Provérbios 29:18 fala da sentença de morte que é o fruto da ausência de sonhos: *"Não havendo profecia [ou seja, sonhos], o povo perece"* (ACF). Não é possível ser mais claro do que isso. Se você não sonha, morre. Talvez você não pereça fisicamente, mas uma parte de você com certeza morrerá, e será a parte que o torna verdadeiramente vivo. Como William Wallace no filme *Coração Valente* disse aos homens que foram feitos prisioneiros na Escócia, homens que tinham medo de lutar pela libertação da tirania da Bretanha: "Todo homem morre, mas nem todo homem vive de verdade".

Nunca foram ditas palavras mais verdadeiras.

Como uma pilha esquecida, capaz de corroer o interior de uma lanterna, você pode parecer bem do lado de fora, mas estar morrendo por dentro. Decorar a sua cela também exige certo grau de negação. Esconder-se atrás de uma bela fachada, quando na verdade se é atormentado pela incapacidade de viver a vida ao máximo, é exatamente o que esse versículo de Provérbios descreve. Na verdade, a palavra *perece* está mais associada com esse significado figurado do que com a morte física.

Houve um tempo em minha vida, há vários anos, em que me senti sem direção e aprisionado pelas circunstâncias. Eu estava determinado a não decorar a minha cela, mas não conseguia encontrar a chave para abrir a porta.

Você pode parecer bem do lado de fora, mas estar morrendo por dentro.

Eu trabalhava para uma igreja em Oklahoma que Ceci e eu acreditávamos estar indo na direção errada. Também sentíamos que os meus dons não eram utilizados apropriadamente e, portanto, não estavam sendo desenvolvidos. Inseguros quanto ao que fazer, pedimos a alguns amigos nossos que orassem por nós enquanto também passamos por um período de oração pedindo direção a Deus.

Um dia ou dois depois, um desses amigos me telefonou:

— Eu estava orando por você e vi uma imagem em minha mente que acredito que veio do Senhor — ele me disse.

— O que você viu? — Perguntei entusiasmado, achando que essa poderia ser a minha resposta.

— Havia um círculo pintado no chão e você estava andando sobre esse círculo.

— O que mais você viu? — Perguntei novamente, esperando alguma revelação profunda, talvez semelhante à visão do profeta Ezequiel do Antigo Testamento de uma "roda no meio de uma roda", ou talvez eu estivesse circulando o alvo pronto para aterrissar.

— Foi só isso — disse ele. — Você estava apenas andando em círculos, sem parar.

— Só isso?

— É. Foi tudo o que vi.

Em princípio fiquei irritado. *Que encorajador!* Pensei. *A palavra do Senhor para mim é que estou andando em círculos. Muito obrigado!*

Quanto mais analisávamos a imagem em oração, entretanto, mais entendíamos que ela era a resposta simples que procurávamos. Eu estava mentalmente confuso e sem sonhos, enquanto ao mesmo tempo trabalhava em uma situação que não me levava a lugar algum. A solução, aquela que não queríamos ouvir, era eu pedir demissão e seguir em frente.

Não há nada de errado em servir ao sonho de outra pessoa, que era o que eu estava fazendo fielmente naquela época, mas só quando o Senhor está nos dirigindo a fazer isso. Quando agimos de acordo com a direção dada por Ele, isso sempre irá nos deixar melhor equipados para cumprir o nosso destino e nos conduzirá na direção certa. Se não for a vontade de Deus, porém, isso causará retrocessos ou perdas.

Decidi sair do círculo e voltar aos trilhos. Olhei para dentro de mim, reconectei-me com os sonhos que Deus concedeu a Ceci e a mim, e o Senhor foi fiel para nos mover na direção do plano Dele para nós. Se tivéssemos permanecido naquela situação, partes do nosso destino poderiam muito provavelmente ter "perecido". Nunca se contente com um resultado assim. Deus tem sempre uma maneira de redirecionar você para a sua vida e propósito.

Perecer vem da palavra hebraica *para*, que quando é plenamente entendida revela diversas maneiras pelas quais a falta de sonhos pode nos aprisionar. O efeito oposto e positivo também é verdadeiro, porém entender esse termo traz revelações maravilhosas de como a visão nos liberta e nos reveste de poder. Neste e no capítulo seguinte, quero indicar seis desses importantes significados.

Primeiramente, *para* significa *desenfreado, descontrolado* ou *não reprimido*. Onde não há sonho ou visão, somos como um cavalo sem rédeas ou um carro sem volante ou freios: descontrolado e predisposto ao desastre. A atividade por si só não é sinônimo de progresso, assim como hiperatividade não é igual a produtividade. O trabalho árduo não garante por conta própria o sucesso, nem tampouco o admirável traço de personalidade que é a perseverança. Algo precisa direcionar esses esforços e qualidades, e esse algo é uma visão clara. Alguém disse certa vez: "Se você não sabe para onde está indo, qualquer caminho o levará para lá".

O bridão ou freio, que serve como conexão com as rédeas de um cavalo, ilustra isso muito bem. Ele permite que o cavaleiro controle a grande força e a capacidade do cavalo, fazendo com que elas trabalhem a seu favor, e não contra ele. Um cavalo fora de controle não apenas é inútil, como é perigoso e destrutivo. Com um freio e rédeas, porém, o cavaleiro pode fazer o cavalo se virar apenas com um puxão suave. Não é difícil ver como os sonhos funcionam dessa maneira, fazendo com que continuemos seguindo na direção certa.

Os sonhos não apenas nos direcionam, como também nos restringem. Onde não há visão, as pessoas ficam sem restrição. É mais fácil se refrear de gastar demais, por exemplo, quando uma pessoa está economizando dinheiro para algo específico.

Seja uma criança economizando sua mesada para comprar uma bicicleta, seja um casal economizando dinheiro para comprar uma casa, a visão gera domínio próprio.

Quando eu estava no Ensino Médio, meu sonho era ser o atacante principal do time de futebol da minha escola. Não era exatamente uma ambição que transformaria o mundo, mas, ainda assim, estava no topo da minha lista. Eu estava no segundo ano e começara a jogar nessa posição havia pouco tempo; tinha muito a aprender antes de meu sonho se tornar uma possibilidade.

Outros jogadores do time tinham mais talento, mas o coração geralmente vence o talento, e como um buldogue que não larga o osso, eu me agarrei ao meu sonho e coloquei mãos à obra. Quando os treinos terminavam, eu ia para casa e praticava um pouco mais. Enquanto meus colegas de time passavam o tempo livre deles fazendo coisas divertidas e se distraindo, o meu sonho gerava em mim disciplina e moderação. Eu estudava a posição de atacante, chutava a bola milhares de vezes, praticava passes de bola para jogadores imaginários e até me visualizava em jogos que só existiam na minha mente.

O trabalho árduo valeu a pena. Amadureci depressa e me tornei um bom atacante, e antes de terminar o segundo ano, me tornei o atacante principal. Sonho realizado! Foi demais — virei uma estrela, o homem do momento, dava entrevistas para os jornais da cidade e muito mais. Era difícil permanecer humilde com toda a minha grandeza, mas eu dei um jeito!

O segundo significado de *para* é um tanto incomum; pode significar *nu*. O conceito geralmente é figurativo, referindo-se a alguém que está *descoberto* ou *desprotegido*, seja física, emocional ou espiritualmente. A palavra também poderia ser traduzida por "exposto". Onde não há visão, as pessoas ficam desprotegidas e vulneráveis a escolhas erradas, a fazer concessões e a distrações que desperdiçam tempo e energia.

Por exemplo, o sonho de se guardar sexualmente para o seu cônjuge pode proteger uma pessoa jovem de fazer concessões de ordem sexual; o objetivo de permanecer sem dívidas pode evitar que se gaste dinheiro com pouca sabedoria ou de maneira frívola; e os sonhos que dizem respeito ao nosso destino podem nos proteger de escolhas equivocadas no que diz respeito às nossas carreiras e atividades.

Em 1991, logo depois de me mudar para o Colorado com a finalidade de escrever e tirar uma licença parcial, fui convidado para ser pastor de uma igreja muito grande na Flórida. O pastor atual e fundador da congregação queria se aposentar e estava à procura de um sucessor. Embora eu não sentisse que a posição era a certa para mim, por respeito a ele concordei em pelo menos viajar até lá para ouvir sua proposta.

A oferta era generosa e atrativa. A igreja acabara de construir um novo e belo templo, o salário seria muito mais alto do que qualquer outro que eu já havia recebido, e a minha jovem família estaria segura nos anos que se seguiriam. A certa altura o pastor chegou a pegar as chaves do novo prédio para mim e com lágrimas nos olhos suplicou que eu as aceitasse.

Eu estava pronto para começar a decorar!

Meu pai ouviu falar sobre a oferta, e como ele com certeza me via como um escritor morto de fome no Colorado, implorou que eu a aceitasse. Outros também me aconselharam a fazer isso.

Depois de orar muito, eu disse não.

Meu sonho era escrever. Eu também sentia que tinha um chamado para servir ao meu país como um todo, e também para viajar e ensinar sobre o tema da oração, algo que eu não poderia fazer se fosse o pastor de uma grande congregação. Foi uma grande tentação, mas o meu sonho me protegeu. Perseveramos e continuamos em Colorado Springs. Foi pouco depois disso que escrevi meu primeiro livro, *Oração Intercessória*. Também me tornei um dos líderes do "movimento de oração" mundial. Hoje, o livro *Oração Intercessória* já foi traduzido para mais de trinta idiomas e escrevi mais de dezessete outros livros.

Muitas vezes, me pergunto o que teria acontecido se eu tivesse aceitado aquela oferta. Será que eu teria escrito livros? Será que eu teria feito contato com os líderes necessários para o avivamento de oração? Muitos moravam em Colorado Springs. É impossível saber ao certo, mas provavelmente partes do meu sonho e do meu destino teriam se perdido.

Alguns veem obstáculos, os sonhadores veem possibilidades!

Há ainda outro conceito de *para* que ajudou a decorar mais celas do que você pode imaginar. "Perecer" significa *não estar pronto* ou estar *despreparado*. O Dr. Spiros Zodhiates, em seu léxico, diz que essa palavra é usada para descrever a perda de uma oportunidade, deixando-a escorrer entre os dedos.[2] Onde não há visão ou sonho, perdem-se as oportunidades. Por outro lado, uma visão focada nos deixa alerta para as oportunidades.

Uma pessoa que sonha enriquecer adquirindo imóveis verá oportunidades de comprar prédios e terras que outros não veem. Durante a Grande Depressão, mais pessoas se tornaram milionárias do que em qualquer momento da História. Enquanto muitos decoravam suas celas, outros sonhavam com oportunidades. Uma pessoa que sonha em ganhar almas verá o potencial de um indivíduo pecador, ao passo que outra pessoa pode enxergar apenas a pecaminosidade dela. Jesus viu em Maria Madalena mais do que uma prostituta; Ele viu uma seguidora em potencial e a ajudou a tirar a decoração de sua cela. Ele detesta celas decoradas.

Talvez você já tenha ouvido falar de Ned e Jed. Eles queriam fazer fortuna caçando lobos — havia uma recompensa de 5 mil dólares sendo oferecida para aqueles que capturassem lobos vivos. Exaustos, eles adormeceram certa noite sonhando com as suas futuras riquezas. Algumas horas depois, Ned acordou e viu que estavam cercados por quarenta lobos com os dentes de fora. Cutucando Jed, ele sussurrou: "Acorde, Jed! Estamos ricos!"

Alguns veem obstáculos, os sonhadores veem possibilidades! Ned é dos meus; ele viu além da adversidade, ele viu a oportunidade. O mundo que nos cerca está cheio das duas coisas. O problema é que a maioria de nós não está procurando pelas oportunidades; *e não estamos procurando porque não estamos sonhando.* Ficamos muitos ocupados decorando nossas celas; isso nos distraiu e até fez com que nos sentíssemos produtivos. Mas este é um bom momento para retirar e colocar abaixo toda a decoração — todos os quadros, figurinos, lembranças. Livre-se de tudo que faz você se sentir confortável em um mundo sem sonhos.

Peça a Deus para despertar em você a sua natureza sonhadora. Tenha expectativa de que Ele o encherá com criatividade e paixão. Ele quer que você viva — realmente viva — e cumpra o propósito para o qual o destinou.

É hora de decorar o sonho.

Recapitulando

1. Você consegue pensar em um momento de sua vida em que "decorou a sua cela"? O que você poderia ter feito diferente para se libertar da situação em que estava?

2. Pense em uma situação na qual o seu sonho ou a sua visão o impediu de avançar na direção errada. Anote quaisquer lições que você perceba que tenha aprendido em decorrência disso e que poderiam ajudá-lo no futuro.

3. *Perecer*, de Provérbios 29:18, também significa estar *nu*. Como essa estranha definição está relacionada à visão?

4. Explique como ter um sonho nos deixa atento às oportunidades e não tê-lo faz exatamente o contrário.

5. Você conhece alguém que vive em uma cela decorada? Pergunte ao Senhor se Ele gostaria que você compartilhasse algumas das ideias deste capítulo com essa pessoa.

7

Motive-se

Quando fiz treze anos de idade, decidi declarar a minha liberdade da tirania do meu pai, aquele homem controlador e irracional. Ele me maltratava exigindo que eu realizasse várias tarefas domésticas — tarefas domésticas como cortar a grama, lavar o carro, jogar o lixo fora e outras coisas que ele considerava apropriadas.

Um dia, na escola, meu amigo Randy me informou que eu estava sendo vítima de abuso. Ele me disse que eu deveria ser pago pelo trabalho que fazia dentro de casa e que eu deveria "fazer greve" por um salário justo. Eu não sabia o que significava fazer greve, mas Randy disse que queria dizer simplesmente parar de trabalhar até receber o pagamento merecido pelo trabalho que se faz.

— Além disso, quanto você recebe de mesada? — Ele continuou, enquanto me instruía sobre as regras da justa compensação familiar.

— Eu não recebo mesada — disse. — Eu trabalho para ter dinheiro para as minhas despesas engraxando os sapatos do papai, cortando a grama dos vizinhos e entregando jornais. Randy ficou boquiaberto. Ele continuou explicando que eu devia receber uma mesada justa, assim como devia ser pago pelo trabalho que fazia.

Randy era inteligente. Ele só tirava A, era admirado pelo professor e nunca estava errado. Ele me convenceu. Eu voltaria para casa e anunciaria ao meu pai que estava "de greve" até ser tratado de forma justa.

Decidi esperar o momento certo para fazer o meu anúncio. Talvez o sábado seguinte, quando ele me lembrasse de cortar a grama, fosse a hora certa. De fato, como sempre fazia, papai entrou no meu quarto com o lembrete de sempre:

— Não se esqueça de cortar a grama hoje, filho.

— Não — eu disse de forma arrogante. Depois, fazendo uma pausa para dar mais efeito, olhei para ele de modo insolente, e acrescentei: — Estou em greve. E também quero uma mesada a partir de agora.

Aquela foi a primeira vez que eu disse "não" ao meu pai... e a última. Como Pearl Harbor, aquele foi um dia que viveria para sempre na minha memória.

Depois de garantir que ele me ouvira claramente, meu pai me deu mais uma lição de economia:

— Há duas coisas que você precisa saber, garoto — disse ele, com um olhar flamejante e ameaçador. — Uma é que você vai fazer as suas tarefas enquanto morar nesta casa. E outra é que você nunca, jamais, me dirá "não".

Então ele tirou o cinto e a lição passou para outro nível. Eu poderia ter matado Randy. Na verdade, se eu o encontrasse hoje, ainda teria vontade de matá-lo. É desnecessário dizer que a greve terminou e a minha motivação para trabalhar dentro de casa realmente aumentou. Por alguma estranha razão, até hoje sinto uma convulsão nervosa quando coloco o meu cinto. Começamos a falar sobre Provérbios 29:18 no último capítulo. O versículo nos diz que onde não há visão ou sonho, pereceremos.

Aquela foi a primeira vez que eu disse não a meu pai... e a última.

A palavra que dá origem a perecer, *para*, é rica de significado. Vimos as seguintes definições no capítulo anterior: *desenfreado*, *desprotegido* e *despreparado* para a oportunidade. Vamos ver agora mais algumas coisas que resultam de não termos sonhos. O quarto significado de *para* é "retirar-se". Em Êxodo 5:4, *para* é usado no contexto de *esquivar-se de* ou *não estar disposto* a trabalhar. Quando eu era criança, meu pai me motivou a trabalhar com a ameaça da dor. Agora que sou um adulto, meu Pai celestial quer me motivar com um sonho. Ele sabe que a falta de um sonho fará com que eu fique *desmotivado*.

Talvez seja uma surpresa para você o fato de que o maior impulsionador da vida não seja a necessidade. Se fosse assim, as pessoas mais motivadas seriam sempre aquelas que vivem com o auxílio da assistência social do governo. Infelizmente, às vezes não é esse o caso. Sem um sonho que os leve a trabalhar e com outra pessoa para suprir suas necessidades, aqueles que vivem com auxílio do governo geralmente são desmotivados e não estão dispostos a trabalhar.

Em geral, a pessoa que trabalha com mais afinco em uma empresa, pelo menos quando o negócio está começando, é o

proprietário do sonho e não seus empregados. Não existe maior
motivador para o trabalho árduo do que o sonho.

Não existe maior motivador para o trabalho árduo do que o sonho.

Wilma Rudolph era a vigésima de vinte e dois filhos. Ela nasceu prematura e não se sabia se ela iria sobreviver. Quando tinha quatro anos de idade, ela contraiu pneumonia dupla, escarlatina e poliomielite, o que a deixou com a perna esquerda paralisada. Mas Wilma tinha um sonho. Aos nove anos, ela retirou o aparelho de metal do qual dependia e começou a andar sem ele. Por volta dos treze anos, ela desenvolveu uma caminhada rítmica, que os médicos diziam ser um milagre.

Não era. Os milagres são acontecimentos repentinos e sobrenaturais realizados por Deus e somente por Ele. Aquele não era o plano Dele para Wilma. Ele queria que ela sonhasse em andar sem o aparelho e, através da coragem, da tenacidade e do trabalho árduo, perseguisse o seu sonho. De que outra forma ela poderia ser um modelo de grandeza para o restante de nós?

Mas andar não era o bastante para Wilma. Naquele mesmo ano, ela decidiu se tornar uma corredora. Suponho que se você vai sonhar, é melhor sonhar para valer! Ela decidiu participar de uma corrida e chegou em último lugar. Nos anos seguintes, em todas as corridas em que participou, ela chegou em último lugar. Será que o seu sonho sobreviveria? Todos diziam a ela para desistir, mas Wilma continuava correndo.

Um dia ela ultrapassou a sua "barreira do som" — ela venceu uma corrida. E depois outra. Dali em diante ela venceu todas as corridas das quais participou. Finalmente aquela garotinha, a quem disseram que nunca mais iria andar, seguiu em frente e ganhou três medalhas de ouro olímpicas. "Minha mãe me ensinou muito cedo a acreditar que eu poderia realizar qualquer coisa que quisesse", Wilma explicou. "A primeira foi andar sem aparelhos."[1]

Obrigado, Wilma, e obrigado, mamãe, por demonstrarem o poder de um sonho. Wilma tirou um aparelho e se agarrou a um sonho. Os sonhos curam. Ou talvez eles apenas motivem Aquele que cura.

A quinta coisa que pode acontecer quando não temos sonhos veio como uma descoberta que me pegou de surpresa. *Para* é usada em outra parte da Bíblia para descrever a rejeição ao conselho (ver Provérbios 1:25; 8:33; 13:18; 15:32). Interessante. Onde não há visão, as pessoas *não são ensináveis.*

Talvez seja mais fácil compreender o oposto. Uma pessoa que está perseguindo um sonho está constantemente à procura de ideias novas e revigorantes para ajudá-la em sua jornada. Essas pessoas entendem que *"Os planos fracassam por falta de conselho, mas são bem-sucedidos quando há muitos conselheiros"* (Pv 15:22). Provérbios 20:18 nos diz que *"os conselhos são importantes para quem quiser fazer planos".* O sonhador que é sábio sabe o quanto isso é importante e busca sabedoria, conselho e novas ideias criativas.

Um homem teimoso, arrogante e muito obstinado que conheci anos atrás personificava o conceito de uma pessoa não ensinável. Ele ganhava muito dinheiro e tinha uma bela esposa e três filhos maravilhosos, mas era uma das pessoas mais egoístas que já conheci. Ao longo dos anos, as pessoas procuraram falar com ele sobre suas atitudes e problemas, mas todas elas foram rejeitadas e insultadas.

Então, um dia, as coisas começaram a se complicar. Seu negócio começou a apresentar problemas, seus filhos ficaram rebeldes e sua esposa se mostrava farta do seu comportamento cruel e egoísta. Ela disse a ele que estava indo embora.

Aquele indivíduo fez algo que poucos homens na sua condição estão dispostos a fazer: ele deu uma olhada longa e sincera para dentro do seu coração. A única conclusão verdadeira era que os seus problemas tinham sido provocados por ele mesmo. Então, ele fez algo que surpreendeu a todos: ele procurou ajuda. Ao longo das semanas e meses seguintes ele lidou com os seus problemas de forma impiedosa. Permitindo que o Senhor — com a ajuda de um conselheiro sábio e cheio de discernimento — quebrantasse o seu coração duro e orgulhoso, ele conseguiu realmente mudar e assim reconquistar sua esposa e filhos. Por fim, seu negócio também se recuperou e mais uma vez ele se tornou muito próspero. Quando lhe perguntaram o que finalmente fez com que ele abrisse seu coração para receber instrução e gerar uma disposição para mudar, sua resposta foi profundamente simples: "A resposta é fácil. Foi o sonho de ter minha família de volta".

Os sonhos quebrantam o coração e abrem a mente.

A sexta e última definição de *para* está relacionada especialmente a duas ou mais pessoas que compartilham um sonho. Embora os sonhos coletivos não sejam o nosso assunto principal neste livro, sem dúvida vale a pena mencioná-los. Os líderes, especialmente, acharão isso interessante e útil. *Para* significa soltar ou *destrançar* o cabelo. Destrançar é separar ou *desunir*. Onde não existe uma visão comum, as pessoas se desconectam. Uma causa ou visão comum, entretanto, une as pessoas e o trabalho que realizam. Quer o contexto seja a evangelização mundial, os direitos civis, salvar bebês ou resgatar baleias, os sonhos compartilhados motivam as pessoas a se esquecerem de suas diferenças e trabalharem pela mesma causa.

Lembro-me dos primeiros dias depois do 11 de setembro. Por um intervalo curto e maravilhoso, não houve republicanos ou democratas, ricos ou pobres, protestantes ou católicos. Todos nós éramos simplesmente norte-americanos, unidos pela visão de cuidar dos que sofriam, proteger a nossa nação e fazer justiça aos que cometeram o ataque contra nós. Como era de se prever, quando a dor diminuiu, nossas agendas e nossas diferentes "visões" fizeram com que nos desuníssemos mais uma vez.

Quando Deus nos criou com a nossa natureza sonhadora, Ele sabia o quanto ela seria uma força poderosa. Ele também sabia muito bem quais seriam as consequências de perdermos esse dom precioso. Ele está pronto para conduzir cada um de nós na direção do propósito para o qual nos criou e para fazer nascer em nós a visão necessária para realizá-los. E como veremos, Ele já colocou dentro de nós os dons e habilidades que necessitaremos para ter êxito.

Veja Gracie Mae, por exemplo...

Recapitulando

1. Qual é a maior motivação para o trabalho árduo? Explique.

2. Pense na história de Wilma Rudolph. Procure imaginar os desafios que ela teve de superar para andar e, finalmente, correr. Em que área de sua vida você precisa aplicar uma perseverança semelhante a essa?

3. Explique como a falta de visão pode fazer com que não sejamos ensináveis.

4. Pense em um período no qual um sonho fez você estar mais desejoso de receber instrução e mais aberto a ela.

5. Qual é a relação entre trançar os cabelos e os sonhos?

8

Galos e Cães de Caça

Ceci e eu temos uma cadela da raça Treeing Walker Coonhound. Não em um canil ou correndo pela fazenda que não temos — mas em nossa casa, em um bairro tranquilo. Nós a encontramos em uma gaiola em um *pet shop*, precisando de um lar. Minha doce esposa, que parece ter sido destinada por Deus a descobrir quantos cães um casal pode ter ao longo da vida, garante que foi levada providencialmente até Gracie Mae (todos os cães de Ceci possuem nomes compostos).

Para ser justo com Ceci, ela me passou uma mensagem de texto e perguntou se eu não me importava se ela levasse um filhote para casa para se juntar aos nossos dois cães mimados — enquanto já estava a caminho de casa com Gracie! Eu estava iniciando o meu diálogo com ela quando as duas entraram. Ceci estava sorrindo; Gracie Mae, é claro, estava fazendo pipi.

E assim, outro canino entrou no "canil" dos Sheets. Apelidei nossa casa de A Arca.

A princípio, não sabíamos que Gracie era um cão de caça, apenas que era um cão ("com uma linda sarda em forma de coração no nariz" — Ceci acrescenta). Cerca de duas semanas depois de ser adotada, ela aprendeu a latir. Correção: ela não late — os nossos dois outros cachorros latem. Gracie uiva. (Não sendo perito em cães de caça, procurei a palavra uivar para me assegurar que estava certo: "um grito profundo e prolongado, como o som de um cão seguindo uma pista". Perfeito.) Quando ela fez a sua primeira tentativa, eu disse a Ceci: "Está me parecendo um cão de caça". Algumas semanas depois o veterinário confirmou — ela é um Treeing Walker Coonhound.

Agora que Gracie cresceu, o mesmo aconteceu com o seu uivo. Tentei descrever o som dele com fonemas, mas não consigo. Simplesmente procure imaginar Scooby Doo com um alto-falante. E quando ela fala — sim, ela fala — é simplesmente um uivo em volume de conversa. Às vezes, ela tenta uivar com um osso na boca. Ela sabe que se o deixar cair um dos outros dois cães pode roubá-lo, então ela simplesmente me cumprimenta com ele na boca. Parece o Scooby Doo com laringite.

Amamos Gracie Mae. Gostamos até dos uivos dela e da sua linguagem de amor. Ela nasceu e foi criada para fazer isso. Não importa para Gracie que ela não esteja na floresta caçando um guaxinim; ela nasceu para uivar, então é isso que ela faz.

Quando Deus nos teceu no ventre de nossas mães, Ele nos deu o nosso "uivo". Ele colocou certas características, motivações, dons e habilidades em nós. Efésios 2:10 nos diz: *"Porque somos feitura Sua, criados em Cristo Jesus para boas obras, as quais Deus antes preparou para que andássemos nelas"* (AA). Por não usarmos com frequência o termo *feitura* na nossa cultura, essa tradução não nos transmite adequadamente a força do que Deus está dizendo. Ela não significa simplesmente que Ele nos criou. *Poiema*, a palavra grega usada aqui, significa "um produto", muitas vezes se referindo a um tecido ou a uma roupa. Esse versículo emprega o mesmo simbolismo do Salmo 139:13, que diz que Deus nos *"teceu"* no ventre de nossas mães. Somos peças de roupa, desenhadas por Deus, que Ele pretende utilizar!

Coerente com esse simbolismo, a expressão *"antes preparou"* nesse versículo vem de um termo de costura que significa "medir ou ajustar antecipadamente". Como qualquer bom alfaiate, antes de Deus nos "tecer" no ventre de nossas mães, Ele nos "ajustou". Como nosso Criador e Aquele que nos dá um destino, Ele Se certificou de que os nossos dons, habilidades, personalidades e motivações estivessem de acordo com o nosso propósito. Tendo essas coisas em mente, adequando nossas qualidades ao nosso chamado, Ele nos fez sob medida como a roupa que Ele precisaria usar — Ele realmente vive dentro de nós — a fim de realizar os Seus propósitos em nós e através de nós.

Poiema, entretanto, não se refere apenas a produzir roupas. As palavras *poeta*, *poema* e a palavra inglesa *performer* (artista) também derivam da mesma raiz. Tendo como base essas analogias, o versículo diz que Deus é Aquele que toca, ou o artista, e nós somos a canção. Ele é o poeta e nós o poema. Se não permitirmos que Aquele que nos criou tenha influência sobre nossas esperanças e planos, a vida não terá rima; estaremos fora de ritmo. Ouso dizer que estaremos fora de sincronia. Podemos até mesmo acabar permitindo que forças externas, circunstâncias adversas ou outras pessoas escrevam a nossa história.

Deus nos adverte em Romanos 12:2 a não permitirmos que agentes externos nos moldem ou projetem. Nessa passagem Ele faz algo muito interessante, usando o termo *metamorfose*, o processo pelo qual a lagarta se transforma em borboleta, para descrever a nossa transformação. Nessa analogia, o verme não está sendo transformado de fora para dentro, mas está "morfando", *transformando-se naquilo que já está programado no seu DNA*. Não há como ser mais claro do que isso: certifique-se de que os seus sonhos sejam compatíveis com o seu projeto — torne-se quem você é, e não quem você não é!

Nosso Criador e Aquele que nos dá um destino Se certificou de que os nossos dons, habilidades, personalidades e motivações estivessem de acordo com o nosso propósito.

Ninguém que conhecia bem a Davi, um dos reis de Israel e um antigo ancestral de Cristo, acreditava que ele estivesse apto para ser um rei. Estou certo de que eles também não pensavam que ele fosse capaz de matar gigantes. Quando o profeta Samuel foi enviado ao pai de Davi, Jessé, para ungir um de seus filhos como o futuro rei de Israel, Davi nem sequer foi convidado para a cerimônia de seleção.

Se não fosse por um profeta "sintonizado" com Deus perceber que o verdadeiro rei ainda não havia chegado, a História poderia ter sido diferente. Como chamaríamos "o tabernáculo de Davi"? Será que Cristo ainda seria chamado de "Filho de Davi"? E quem nos teria mostrado o que é ser "um homem segundo o coração de Deus"?

O pai de Davi pensava que ele só servia para ser um pastor e um garoto de recados. Seus irmãos achavam que ele era um garoto desprezível e arrogante que queria aparecer. A tese de Deus sobre Davi dizia que ele era alguém destinado a fazer história, um guerreiro, um adorador. Ele "teceu" Davi levando tudo isso em conta, escrevendo no seu coração sonhos de nobreza, força, composição de salmos e adoração radical.

Você não está grato por Davi ter sonhado os sonhos certos? É muito provável que mais pessoas tenham encontrado consolo e conforto nas palavras dele do que nas de qualquer outro. O que faríamos sem o Salmo 23? O próprio Senhor citou algumas das palavras de Davi enquanto estava na Cruz.

Olhe bem dentro de você e pergunte a si mesmo quais sonhos Deus ocultou em seu interior.

A História está cheia de outras suposições semelhantes. E se Winston Churchill tivesse acreditado nos seus críticos e escolhido um caminho diferente? Será que a Inglaterra teria sobrevivido ao ataque dos nazistas sem ele? Mais de um século antes, será que os Estados Unidos teriam sobrevivido e derrotado a Inglaterra se George Washington não tivesse atendido ao seu chamado? Será que teriam existido avivalistas como John e Charles Wesley se Susanna, a mãe deles, tivesse adotado uma visão diferente acerca da maternidade?

Olhe bem dentro de você e pergunte a si mesmo quais sonhos Deus ocultou em seu interior. O que faz você se sentir vivo? Que forças têm permanecido adormecidas enquanto você persegue objetivos que nunca poderão satisfazê-lo? Tome a decisão agora de perseguir os sonhos que Deus tem para você. Em *Pentecostal Evangel* (O Evangelho Pentecostal), J. K. Gressett escreve sobre um homem chamado Samuel S. Scull, que se estabeleceu em uma fazenda no deserto do Arizona com sua esposa e filhos:

> Uma noite, uma tempestade violenta do deserto os atingiu com chuva, granizo e ventos fortes. Ao romper do dia, sentindo-se enfermo e temendo o que poderia encontrar, Samuel foi verificar as perdas. O granizo destruíra o jardim e a horta; a casa estava parcialmente sem telhado; o galinheiro tinha sido levado pelo vento e as galinhas mortas estavam espalhadas por todos os lados. Havia devastação e destruição por toda parte. Enquanto olhava estupefato, avaliando o caos e se perguntando acerca do futuro, ele ouviu uma movimentação na pilha de toras de madeira formada pelos restos do galinheiro. Um galo estava subindo pelo entulho e não parou de subir até chegar à tora mais alta da pilha. O velho galo estava encharcado e a maioria de suas penas havia sido arrancada pelo vento. Mas enquanto o sol subia no horizonte ao leste, ele bateu suas asas ossudas e cantou orgulhosamente.[1]

Que grande exemplo para nós! O galo sabia qual era o seu papel. Ele não estava querendo causar uma boa impressão nem estava fazendo um teste para ver se ainda podia cantar. Ele cantava simplesmente porque Deus colocou no seu DNA o desejo de anunciar o começo de cada novo dia. E nada iria mudar isso. Às vezes, os animais parecem "entender" as coisas melhor do que nós, humanos.

Como o nosso amigo que um dia havia exibido sua plumagem com orgulho, Deus criou você com um propósito e o escreveu no seu DNA. Se não sabe qual é esse propósito, você pode acabar se tornando um professor quando o seu Projetista precisava que você fosse um contador e o projetou para isso. Você pode terminar preso em um escritório quando o Escritor precisava e queria uma mãe e dona de casa para ajudá-Lo a moldar uma criança e transformá-la em alguém que mudará o mundo! Ou talvez você acabasse pastoreando uma congregação em vez de ser o executivo que Ele o criou para ser. Muitas pessoas mal equipadas estão subindo até o topo das pilhas de entulho e tentam cantar. Mas elas não fazem isso bem e ninguém desperta ao ouvir o som que elas fazem.

O que você nasceu para fazer? O seu Alfaiate tirou as suas medidas para quê? Os seus sonhos são compatíveis com isso? Alguém está querendo fazer você agir como um Yorkshire quando na verdade você é um genuíno Treeing Walker Coonhound? Você nunca se sentirá de fato realizado até que os seus sonhos, objetivos, buscas e atividades correspondam ao que o seu Criador sonhou para você.

Como o nosso amigo canino, encontre o seu uivo e seja quem você foi criado para ser. O primeiro passo é acreditar que Deus tem um destino para você. O segundo é deixar que Ele entre na sua mistura de sonhos...

Recapitulando

1. Como um cão de caça que uiva pode estar ligado ao destino?

2. Explique a palavra *poiema* e como ela se relaciona aos nossos dons.

3. Efésios 2:10 nos diz que Deus "*antes preparou*" boas obras para nós realizarmos. Amplie o significado dessas palavras.

4. Escreva a sua própria paráfrase de Efésios 2:10 usando os conceitos que discutimos neste capítulo.

5. Descreva as características que você reconhece em si mesmo e que fazem de você uma pessoa única.

6. Quais dos seus dons você não está usando na totalidade? O que você está esperando?

7. Você está desperdiçando tempo e energia fazendo coisas que não se adequam aos seus dons? Pense em como mudar isso.

9

Uma Mistura de Sonhos

Durante uma de suas palestras, o Dr. George Washington Carver descreveu a conversa com Deus que o levou a começar a estudar o amendoim. A maioria de nós não teria seguido com a conversa.

— Querido Criador, por favor, pode me dizer por que o universo foi criado? — ele perguntou ao Senhor.

O Criador respondeu:

— *Você quer saber demais para essa sua mente pequena. Pergunte algo que esteja mais de acordo com o seu tamanho.*

Muitos de nós teríamos ficado ofendidos e encerraríamos o diálogo ali. Mas, às vezes, Deus é radical em Sua fala simplesmente para gerar a reação que Ele precisa, e não para nos ofender.

Carver não se deixou dissuadir. Aceitando o desafio, ele respondeu:

— Querido Criador, por favor, pode me dizer para que o homem foi criado?

Mais uma vez, o Senhor respondeu:

— *Pequeno homem, você ainda está pedindo demais. Diminua a extensão do seu pedido e melhore a sua intenção.*

Então ele perguntou:

— Por favor, Senhor Criador, pode me dizer por que o amendoim foi criado?

— *Agora está melhor* — respondeu o Senhor.

"E então o grande Criador ensinou-me como separar os componentes do amendoim e uni-los novamente", afirmou o grande Carver.

Kevin Shorter, em seu livro *Faith the Size of a Peanut* (Fé do Tamanho de um Amendoim), diz:

O Dr. Carver revolucionou a economia agrícola sulista demonstrando que 300 produtos podem ser derivados do amendoim. O *National Peanut Board* relata que as obras do Dr. Carver incluíam produtos alimentícios que variavam do molho chili ao caramelo, passando pela maionese e pelo café. Os cosméticos incluíam pó compacto, creme de barbear e loção para as mãos. Inseticidas, cola, carvão, borracha e plásticos são apenas alguns dos muitos produtos valiosos derivados do amendoim descobertos pelo Dr. Carver. Em 1938, o amendoim já havia se tornado uma indústria de 200 milhões de dólares e o principal produto produzido no Alabama.[1]

Não tenho certeza de qual seria o valor equivalente hoje, quase setenta e cinco anos depois. Muito mais que isso, tenho certeza. Puxa, a minha mulher gasta essa quantia somente em manteiga de amendoim, sem contar todos os cosméticos!

Considerando que Deus nos deu a nossa natureza sonhadora e lembrando que Ele tem um propósito e um destino para cada um de nós, parece óbvio que Ele queira ter voz na escolha dos nossos sonhos. Quando esse homem brilhante, G. W. Carver, permitiu que Deus escolhesse o seu sonho, humilhando-se ao pedir a Ele uma maior compreensão acerca do amendoim, mal sabia o impacto que isso teria no mundo.

Há um versículo na Bíblia que aborda esse tema e tem sido muito importante tanto para Ceci quanto para mim ao longo dos anos: *"Entregue as suas obras ao Senhor. Consagre e confie a Ele tudo o que você faz.* Ele fará com que os seus pensamentos sejam agradáveis à Sua vontade, *e assim os seus planos serão estabelecidos e bem-sucedidos"* (Provérbios 16:3 AMP; grifos do autor).

Esse versículo maravilhoso chega quase a ser bom demais para ser verdade. Deus declara que Ele moldará sobrenaturalmente os nossos pensamentos e os nossos planos, alinhando-os com os Dele, o que então garantirá o sucesso. *Planos*, nesse versículo, vem de uma palavra que significa "tecer, trançar ou misturar". Pode até mesmo referir-se a artesãos criando instrumentos musicais, objetos artísticos, armas e outros objetos. O conceito é simples: combinar duas ou mais substâncias para criar algo novo. Quando usada para se referir à mente, essa palavra diz respeito aos seus pensamentos misturando-se para formar planos. Isso obviamente inclui os sonhos.

Se aplicarmos essa definição ao versículo, Deus está nos dizendo: *Quando você sonhar, quero ser parte disso. Se você Me permitir, inspirarei os Meus pensamentos nos seus no processo e moldarei os seus planos de acordo com o propósito e o destino que Eu criei para você. Isso garantirá o sucesso.* Que promessa maravilhosa!

Lembro-me de quando Ceci e eu estávamos procurando a fase seguinte do chamado de Deus para as nossas vidas. Havíamos nos casado recentemente e eu estava prestes a me formar no Instituto Cristo para as Nações, em Dallas. Tínhamos quatro oportunidades para iniciar o nosso ministério que mudaria o mundo, e as possibilidades que mais nos interessavam estavam no exterior. Estávamos nos firmando nesse versículo, Provérbios 16:3, da *Amplified Bible.*

Citávamos o versículo diariamente, geralmente nos imaginando em algum lugar na Guatemala ou Zimbabwe, pregando para milhares de pessoas. Nossas malas estavam praticamente prontas. Então, algo estranho ocorreu. Enquanto orávamos, um dia, tive este pensamento: *O ICPN vai lhe oferecer uma posição e você deve aceitá-la.* Mas nós não tínhamos qualquer indício ou ideia de que isso aconteceria!

De fato, alguns dias depois veio a oferta, e nós dissemos "sim". Provavelmente não será uma surpresa para você saber que esses dois anos que se seguiram trabalhando na ICPN se tornaram uma preparação incalculável para o que Deus tem feito através de nós nos últimos trinta anos. Provérbios 16:3 havia funcionado: Ele infundiu os Seus pensamentos nos nossos e nós ouvimos, permitindo que Ele "entrasse na mistura". Sonhar funciona muito melhor quando trazemos o Autor dos sonhos para dentro dos nossos planos.

Provérbios 19:21 usa essa mesma palavra: *"Muitos são os planos no coração do homem, mas o que prevalece é o propósito do*

Senhor". A maior parte do tempo, nós, humanos, fazemos os nossos planos e formulamos os nossos sonhos sem permitir que Deus participe do processo. Começou com o pecado original de Adão e Eva no Éden. Satanás, o tentador, sabia que podia desarticular o sonho de Deus fazendo com que os homens sonhassem sem a influência divina.

Mas Deus não queria uma família de sonhadores independentes; Ele desejava sonhadores que sonhassem com Ele. Nunca foi plano Dele que sonhássemos sem Ele e sem a Sua influência — não porque Ele seja um controlador obsessivo, mas porque desejava ter parceiros e sócios. Deus queria ter alguém *com quem* sonhar e alguém *através de quem* sonhar. *Ele precisava de canais por meio dos quais Seus sonhos pudessem fluir.*

Na primeira metade do século 20, Deus tinha alguns sonhos acerca das mulheres e órfãos na China. Ele estava usando Gladys Aylward.

Gladys Aylward nasceu em Londres, no ano de 1902, em uma família pertencente à classe operária. Depois de receber a salvação, ela começou a ler livros sobre uma terra distante chamada China. Aos vinte e oito anos de idade, depois de ser recusada por uma organização missionária e se sentindo compelida a visitar essa terra, ela comprou um bilhete de trem somente de ida para atravessar a Rússia e chegar à China.

Gladys iniciou sua carreira missionária em Yangcheng. Os oficiais locais que perguntaram se ela se tornaria uma "inspetora de pés" tinham um enorme respeito por ela. A tradição de atar os pés das mulheres

Deus queria ter alguém com quem sonhar e alguém por meio de quem sonhar.

chinesas havia sido considerada ilegal recentemente, mas ainda era praticada em muitos lugares. Ao viajar e visitar as senhoras, ela contava histórias da Bíblia, e muitas aguardavam com ansiedade os dias em que poderiam ouvir essas estranhas e novas histórias. Gladys reconhecidamente ajudou a mudar a cultura de se atar os pés das mulheres na China.

"A estima e o respeito das pessoas por Gladys continuaram a crescer por toda a região", escreve Ruth Tucker. Sua capacidade de aprender a cultura e o idioma chineses foi notável. Por volta de 1937, quando os japoneses começaram a bombardear as aldeias próximas, ela se recusou a partir quando as bombas começaram a cair. "Ela até se tornou uma espiã para o exército chinês usando o fato de ser estrangeira para viajar através das linhas de combate e também levar comida aos aldeões sitiados. Ela foi tão bem-sucedida que os japoneses ofereceram uma recompensa por sua cabeça."

"Durante esse tempo Gladys adotou vários órfãos de guerra, e no fim das contas tinha 100 crianças sob seus cuidados. Em 1940, a guerra havia se agravado e ela foi obrigada a deixar o norte da China e se dirigir para o sul, para Sian, cruzando a batalha cada vez mais acirrada, subindo montanhas e atravessando o rio Amarelo. Quando Gladys subiu às montanhas indo em direção a Sian, tinha 100 crianças com ela, que estava levando para um campo de refugiados. A jornada levou doze dias e eles partiram sem estar adequadamente vestidos e sem alimentos suficientes, mas Deus cuidou de Gladys e das crianças ao longo de toda a jornada..."

"Depois de vinte anos na China", Tucker escreve, "Gladys voltou à Inglaterra em 1940. Ela ficou constrangida ao descobrir que havia se tornado uma celebridade, com um livro, um filme e um documentário na TV sobre a sua vida. Para muitos, Gladys passou a ser conhecida como 'A Pequena Mulher', o título de sua biografia".[2] Gladys Aylward se tornou um canal através do qual um dos sonhos de Deus fluía. Ela era apenas uma pessoa comum com um Deus extraordinário que a levou a sonhar sonhos grandes como os Dele, e depois a capacitou para realizá-los. Pergunto-me se ela teve em algum momento a consciência de que Deus estava sonhando por intermédio dela. Ele obviamente estava.

Quando permitimos que Deus sonhe através de nós, tornamo-nos os agentes do Seu sonho, representando a Ele e Seus sonhos na Terra. Isso significa que *em algum lugar, oculto em um dos sonhos de Deus, você descobrirá aqueles que Ele tem para você* — o seu sonho estará contido nos sonhos Dele. O oposto também é verdade. *Oculto nos seus sonhos, se eles tiverem sido dados por Ele, você encontrará uma parte do sonho de Deus.* Esse foi e é o plano Dele para todos nós. A maioria das pessoas, porém, passa pela vida perseguindo carreiras e objetivos pessoais sem nunca considerar que Deus quer sonhar por intermédio delas. Com muita frequência, Ele é um sonhador solitário. Deve haver milhões de destinos escritos, mas não realizados, no livro dos sonhos de Deus no Céu. Planos, realizações e sonhos escritos por Ele para tantas pessoas tragicamente ficam sem ser descobertos e realizados. Ele e os Seus planos nunca chegam a ser incluídos na sua mistura de sonhos. Felizmente, nem sempre isso acontece.

De acordo com o biógrafo Roger Steer, o químico James Taylor sentia-se intrigado com tudo que dizia respeito à China.

Nos primeiros meses de 1832, Taylor ajoelhou-se ao lado de sua esposa, Amelia, na saleta dos fundos de sua farmácia movimentada em Barnsley, Yorkshire, Inglaterra. Ele orou: "Querido Deus, se Tu nos deres um filho, concede que ele possa trabalhar para Ti na China". Quando o filho deles nasceu, em 21 de maio de 1832, James e Amelia deram-lhe o nome de James Hudson Taylor.

Imerso em uma família metodista fascinada pela China, o jovem Hudson, às vezes, soltava a frase: "Quando eu for adulto, quero ir para a China", embora seus pais não tivessem lhe contado sobre a oração deles por alguns anos. Ele se preparou lendo livros sobre a China, estudando o evangelho de Lucas em chinês e estudando medicina. Finalmente, em 19 de setembro de 1853, Hudson partiu do porto de Liverpool em direção à China.

Taylor estava preocupado com os milhões de chineses vivendo em províncias que nunca haviam recebido a visita de um missionário. Em 1865, com muita fé, mas poucos recursos financeiros, ele fundou a Missão do Interior da China. Quando Taylor morreu, em 1905, a MIC era uma instituição internacional, com 825 missionários vivendo em todas as dezoito províncias da China e vinte e cinco mil cristãos convertidos.

"Taylor imprimiu a sua própria filosofia de vida e trabalho na MIC. Ele exigia que se dependesse exclusivamente de Deus para o suprimento, sem nenhum salário garantido", escreve outro biógrafo, Ralph Covell. Taylor também insistia que houvesse uma identificação íntima entre o estilo de vida dos chineses e dos missionários.[3]

Os pais de J. Hudson Taylor incluíram Deus na mistura dos seus sonhos. Assim como Ele prometeu na Sua Palavra, Ele infundiu o Seu coração no coração deles, e quando eles conceberam um filho, Ele imprimiu no DNA dele o sonho divino e humano. Impressionante. Só o Céu sabe o alcance dos frutos ali gerados. Quer você se torne um missionário, um advogado ou um professor, deixe que Deus entre na mistura dos seus sonhos. Torne-se um canal através do qual os sonhos Dele possam fluir.

Recapitulando

1. Explique Provérbios 16:3, especialmente a palavra *planos*.

2. Como George Washington Carver foi um modelo do que isso significa?

3. Pense em uma área da sua vida na qual você também poderia ser um modelo para esse versículo, permitindo que Deus "entre na mistura".

4. Quando começaram os sonhos independentes? De que maneira esses sonhos independentes comunicaram os planos e os desejos de Deus?

5. Explique a frase "nós nos tornamos os agentes dos sonhos de Deus".

6. Você tomou a decisão de se esforçar para incluir Deus nos seus sonhos? Existem sonhos egoístas no seu coração que você precisa abandonar?

7. Volte ao seu sonhorama. Você pode ver evidências de que o seu sonho passou a conter parte do sonho de Deus quando você permitiu que Ele o influenciasse? À medida que o tempo passou, você foi capaz de ver evidências do seu sonho no sonho de Deus? Dê exemplos.

10

O Sócio Majoritário

Deus é brilhante quando se trata de ocultar os Seus sonhos nos sonhos de outras pessoas. S. Truett Cathy, fundador e presidente da rede de lanchonetes Chick-fil-A, provavelmente não sabia, inicialmente, que isso havia acontecido com ele. Eu, e milhões de vacas (como se vê em seus comerciais na TV), estamos felizes por ele ter sonhado.

O website do restaurante diz tudo: "Armado com um tino comercial apurado, uma ética de trabalho forjada durante a Grande Depressão e uma filosofia pessoal e empresarial fundamentada em princípios bíblicos, Cathy transformou uma pequena lanchonete de Atlanta, originalmente chamada Dwarf Grill, na Chick-fil-A, a segunda maior cadeia de restaurantes *fast-food* especializada em frango dos Estados Unidos. O seu enorme sucesso nos negócios permitiu que Truett perseguisse outras paixões — mais notavelmente o seu interesse no desenvolvimento de jovens mentes".

A Fundação WinShape, fundada por Cathy em 1984, cresceu a partir do seu desejo de "formar vencedores", ajudando jovens a ter êxito na vida por meio de bolsas de estudos e de outros programas de apoio à juventude. A cada ano a fundação concede bolsas de estudos para vinte a trinta alunos que desejam frequentar a Faculdade Berry, na Geórgia. A fundação administra lares para crianças adotivas em vários estados do Sudeste e no Brasil, além de receber dois mil campistas a cada ano em seus Acampamentos WinShape. Esses acampamentos de verão, com duração de duas semanas, oferecem experiências por meio das quais os jovens e suas famílias podem aprimorar a fé cristã, o seu caráter e os seus relacionamentos.[1]

Será que Deus realmente inspiraria uma pessoa que tem o sonho de ter um negócio como este e depois a dotaria com a habilidade para concretizá-lo a fim de que Ele pudesse levar a cabo o Seu sonho para alguns órfãos e estudantes? Dã! — como costumamos dizer como resposta a algo óbvio. Deus ama plantar Seus sonhos dentro de pessoas comuns e depois usá-los para abençoar outros.

Foi o que aconteceu com Abraão. Ele é um dos meus personagens bíblicos favoritos. Quero ser como ele — bem, talvez não em tudo. Não quero viver em uma tenda, não gostaria de ter de esperar até ter cem anos para iniciar a minha família e espero que nunca tenha de oferecer Ceci a outro homem como esposa, dizendo a ele que ela é apenas minha irmã! Mas há aspectos da vida de Abraão que me inspiram, principalmente o fato de Deus ter no final das contas o chamado de Seu amigo.

Penso nisso com frequência e simplesmente não consigo imaginar nada mais realizador.

Abraão também era um sonhador, talvez um dos maiores que já existiram. Creio que Deus gostava do fato de ele ser assim — naquele momento da História, Ele precisava de um amigo sonhador. O Senhor estava esperando que o sonhador certo aparecesse, um sonhador com quem Ele pudesse ter uma parceria e retomar o Seu sonho. Esses dois amigos andaram juntos por muitos anos, desfrutaram de uma aliança especial um com o outro e servem de modelo para todos nós no que diz respeito ao poder e beleza da parceria entre o divino e o humano. Aprenderemos muito sobre sonhar com esse homem e sua jornada com Deus. A história deles começa em Gênesis 12, onde Deus inicia o Seu plano dando um sonho a Abraão.

Então o Senhor disse a Abrão: Saia da sua terra, do meio dos seus parentes e da casa de seu pai, e vá para a terra que Eu lhe mostrarei. Farei de você um grande povo, e o abençoarei. Tornarei famoso o seu nome, e você será uma bênção. Abençoarei os que o abençoarem e amaldiçoarei os que o amaldiçoarem; e por meio de você todos os povos da Terra serão abençoados.

Gênesis 12:1-3

É fascinante que Deus tenha iniciado a Sua jornada com Abraão apelando à natureza sonhadora dele. A humildade do Senhor me fascina. Por que, ao procurar alguém para ajudá-lo a retomar o Seu sonho, Deus precisaria oferecer algo? Afinal, Ele é Deus. Será que Ele não poderia ter simplesmente obrigado Abraão a fazer o que Ele queria? Possivelmente, mas o Senhor estava bem a par da força da natureza sonhadora que Ele havia colocado dentro de nós. Tendo isso em mente, Ele sabia que para que a parceria fosse frutífera e duradoura, Abraão teria de ter permissão para sonhar.

Deus não espera que ignoremos o nosso forte desejo de sonhar e, de fato, ama quando fazemos isso. O Seu plano, portanto, geralmente é nos inspirar com um sonho pessoal, e depois colocar o sonho Dele dentro do nosso. Tendo isso em mente, Deus começou a colocar um sonho no coração de Abraão envolvendo terras, bênçãos materiais e, por fim, o nascimento de uma grande nação.

O problema não é (nem nunca foi) Deus não nos querer no mundo dos Seus sonhos. O desafio Dele é o fato de não querermos permitir que Ele entre no nosso. A confiança não é problema para Deus — mas é para nós. Desde a Queda, nós, humanos, temos tido dificuldade de confiar os nossos sonhos a Deus. A ironia das ironias é que não permitimos mais que o Deus que nos deu a nossa natureza sonhadora entre na mistura dos nossos sonhos. Pedimos que Ele, de boa vontade, abençoe os nossos sonhos pessoais, mas poucos de nós permitimos que Ele influencie o processo de sonhar em si. O resultado duplo disso é que geralmente não alcançamos o propósito para o qual fomos destinados e Deus não tem canais através dos quais os Seus sonhos possam fluir.

Confie Nele e Ele sonhará sonhos maravilhosos e empolgantes por intermédio de você. E como esta história ilustra, aqueles que provam o quanto isso é maravilhoso nunca mais voltam a sonhar sem Ele.

A Standard Oil Company estava se preparando para se estabelecer na Indonésia, e os executivos da empresa buscavam um administrador para as suas operações. Foi-lhes dito que o melhor homem para o cargo era um missionário. A empresa abordou o missionário, perguntando se ele estava interessado no cargo. Eles ofereceram um alto salário. O missionário recusou. A empresa elevou a oferta. Ele ainda assim não aceitou. Finalmente, eles disseram: "Diga-nos que salário você quer". "Ah", respondeu o missionário, "o salário é grande bastante, mas o trabalho não é".[2]

Quando você começar a sonhar com Deus, nunca mais irá querer parar. Isso aconteceu com Abraão. O encontro dele com o Senhor deu início a um empreendimento de sonhos em parceria que perdurou pelo restante de sua vida, cujo fruto permanece até hoje.

Após ser estabelecida uma questão crucial — o fato de Deus estar incluindo Abraão no processo dos Seus sonhos — mais dois princípios muito importantes com relação aos sonhos são revelados durante sua reunião inaugural. O primeiro deles é que quando nos tornamos parceiros de Deus nos sonhos Dele, *Ele sempre deve ser o Sócio Majoritário.*

Jeová estava convidando Abrão para o mundo Dele, e não o contrário. Ele é o Senhor e Criador; nós somos os seres criados. Ele é o líder — nós seguimos a Sua direção. Embora tenha feito grandes promessas de bênçãos para Abraão, Deus obviamente é Aquele que oferece os termos e condições: *"Vá para a terra que Eu lhe mostrarei... Farei de você... Eu o abençoarei... Abençoarei os que o abençoarem e amaldiçoarei os que o amaldiçoarem"* (Gn 12:1-

3). Por duas vezes na passagem Abraão é visto construindo altares e adorando ao Senhor. Isso demonstra claramente a sua devoção e submissão a Jeová. A questão é clara: Deus, o Sócio Majoritário, está oferecendo uma sociedade a Abraão, e não o contrário. As recompensas para Abraão eram grandes, mas somente se ele abraçasse os termos e as condições estabelecidos por Deus.

Muitas vezes queremos inverter isso, agindo como se estivéssemos fazendo um favor a Deus, permitindo que Ele entre no mundo dos nossos sonhos e chegando até mesmo a nos aproximarmos Dele como se quiséssemos negociar um acordo: "Se Tu fizeres isto por mim, Deus, eu..." Às vezes até usamos frases que sugerem que estamos provando a Deus, ou que O estamos convidando a entrar em *nosso* mundo. Oferecemos a Ele partes simbólicas dos nossos sonhos, do nosso dinheiro, do nosso tempo e dos nossos desejos, e ao mesmo tempo agimos como se estivéssemos fazendo um favor a Ele.

Essa mentalidade antibíblica define o rumo de um relacionamento com Deus que O relega a uma posição de Sócio Minoritário. Precisamos nos lembrar de que é a graça de Deus que faz com que Ele nos aceite e nos convide para o Seu mundo. Embora Ele não nos trate como se estivéssemos abaixo Dele — Ele nos trata com amor e graça impressionantes, como um Pai amoroso — não obstante, Ele é Deus, e não nossa colega.

Outro princípio importante que nos é mostrado em Gênesis 12 é que *sonhar*

> **O nosso Pai amoroso nos trata com amor e graça impressionantes — não obstante, Ele é Deus, e não nosso colega.**

exige que corramos riscos. Foi preciso que Abraão corresse um enorme risco e tivesse uma grande fé para perseguir o sonho que Deus estava oferecendo. Desde o início, Yahweh negou-se a dar a ele muitos detalhes, até mesmo recusando-se a dizer para onde Ele o estava conduzindo. *"Apenas vá, Abraão, e Eu o conduzirei pelo caminho. Faça as malas e siga-Me."* Que desafio! Isso exigiu uma fé incrível e para Abraão os riscos eram monumentais: *E se eu não estiver ouvindo Deus corretamente,* ou *E se não for Ele falando comigo?* Para Abraão, entretanto, o sonho valia o risco! Ele se arriscou, e Deus nunca esqueceu a confiança que ele demonstrou. O Espírito Santo ainda pensava sobre isso centenas de anos depois, quando inspirou o livro de Hebreus.

Pela fé Abraão, quando chamado, obedeceu e dirigiu-se a um lugar que mais tarde receberia como herança, embora não soubesse para onde estava indo.

Hebreus 11:8

Aqueles que precisam do conforto do que é familiar ou da segurança do que é conhecido podem esquecer a ideia de sonhar. O salto de fé sempre será um pouco inquietante. Essas pessoas são como uma gazela africana, que pode saltar bem alto e até 9 metros de distância, mas, apesar disso, é confinada em zoológicos atrás de uma parede com apenas 1 metro de altura. A razão é simples: as gazelas não saltam se não puderem ver onde irão cair. Muitas vezes somos como a gazela, abençoados com uma grande capacidade e potencial, mas aprisionados pelo medo do desconhecido.

113

A previsibilidade e as estradas mapeadas só servem para os que não sonham e para o Google Maps. Os sonhadores, no entanto, serão vistos indo rumo ao desconhecido, correndo riscos e, às vezes, pendurados por um fio. Escolha o seu próprio clichê, mas apenas saiba que você terá de fazer isso. Mas quando Deus é a fonte do sonho, isso pode fazer Dele o risco, o fio e o guia em meio ao desconhecido. A verdadeira fé não é imprudência. No entanto, ela requer que estejamos dispostos a nos arriscar, como o falecido Steve Jobs demonstrou.

Quando a Apple Computadores começou a ter dificuldades há algum tempo, o jovem presidente da Apple, Steve Jobs, viajou do Vale do Silício para a cidade de Nova York. O propósito dele era convencer John Sculley, da Pepsico, a se mudar para o oeste e dirigir sua empresa que passava por dificuldades.

Enquanto os dois homens contemplavam os céus de Manhattan no escritório de Sculley que ficava em uma cobertura, o executivo da Pepsi começou a recusar a oferta de Jobs.

"Em termos financeiros", disse Sculley, "você teria de me dar um salário de um milhão de dólares, um bônus de um milhão de dólares e uma rescisão de um milhão de dólares".

Atônito, Jobs engoliu em seco e concordou — desde que Sculley se mudasse para a Califórnia. Mas Sculley só se comprometeria a ser um consultor com base em Nova York. Diante disso, Jobs propôs um desafio a Sculley: "Você quer passar o resto da sua vida vendendo água com açúcar ou você quer uma chance de mudar o mundo?" Em sua autobiografia *Odisseia*, Sculley admite que o desafio de Jobs "o deixou sem fôlego". Ele disse que havia ficado tão envolvido com seu futuro na Pepsi, com sua aposentadoria e com a dúvida de saber se sua família conseguiria se adaptar na Califórnia, que quase deixou passar a oportunidade de "mudar o mundo". Em vez disso, ele olhou sua vida a partir de outra perspectiva e foi para a Apple.[3]

Mudar o mundo sempre exige a inconveniência da mudança e a instabilidade de correr riscos. Abraão correu esse risco e, embora ele não soubesse disso na época, entrou em uma parceria de grandeza inimaginável: trabalhar com Deus para salvar o mundo. *"Por meio de você"*, o Senhor disse a Abraão, *"todos os povos da Terra serão abençoados"* (Gn 12:3). Embora eu esteja certo de que Abraão não compreendeu plenamente essa frase, ela fica clara quando olhamos para trás: *Se você confiar a Mim o seu futuro, Abraão, Eu deixarei que você entre no Meu. Você poderá ser Meu parceiro na redenção do mundo — o Messias virá através de você!*

Incrível! Sonhar com Deus para salvar o mundo!

Na Sua busca de redimir o mundo de volta para Si, Deus ainda procura parceiros. Ele coloca sonhos em corações humanos e depois discretamente oculta um de Seus sonhos ao lado deles. *Sempre* há um sonho Dele oculto nos sonhos que Ele nos dá. Se ser mãe e dona de casa é um sonho seu, tenha certeza de que Deus tem grandes planos para os seus filhos.

Por que não tornar ainda maior o seu sonho de criar filhos, transformando-o no sonho de produzir parceiros de Deus?

Se o seu sonho é ganhar muito dinheiro, qual o sentido de fazer isso apenas para desfrutar dele por alguns breves anos? Por que não estabelecer uma parceria com Deus através do seu dinheiro, e ao fazer isso acumular tesouros no Céu onde você poderá desfrutar deles para sempre? E por que se contentar apenas com dons e habilidades humanos para ganhar dinheiro, quando você poderia ser parceiro Daquele que criou todas as coisas e possui recursos ilimitados?

Seja qual for o sonho que Deus lhe deu, procure um dos sonhos de Deus ocultos dentro dele. Ele está lá. Quando descobrimos essa realidade, ela muda o nosso modo de pensar. Os nossos sonhos ganham uma perspectiva celestial e passamos a vê-los como tendo uma importância eterna. Isso permite que Deus se envolva mais ativamente no cumprimento deles, somando favor e bênção sobrenaturais aos nossos esforços. E com Ele como nosso parceiro, qualquer coisa é possível.

Recapitulando

1. Enumere os três princípios relacionados a sonhar que foram revelados através da parceria de sonhos firmada entre Deus e Abraão.

2. Por que Deus apelou para a natureza sonhadora de Abraão?

3. Explique os conceitos de Sócio Majoritário e Sócio Minoritário presentes neste capítulo. Descreva a sua parceria com Deus. Ela cresceu passando a incluir o

processo de sonhos? Que posição você dá a Deus, de forma consistente, nessa parceria?

4. Existem sonhos no seu coração sobre os quais você se recusou a permitir que Deus assumisse o controle?

5. Explique por que Abraão é um exemplo de alguém que correu riscos. Qual é a sua capacidade de correr riscos? Você se dispôs a correr riscos para ser parceiro de Deus no seu sonho? Cite ocasiões em que fez isso.

6. Como você pode tornar o sonho de Deus uma parte mais importante do seu sonho?

11

Escolhas

Por que paramos aqui, Calebe? — Otoniel talvez tenha perguntado. — Estávamos indo tão bem em nossa campanha para conquistar a Terra Prometida. E por que obrigar a todos, inclusive as mulheres e as crianças, a levantarem acampamento e viajarem até aqui, em Siquém? É um lugar interessante, aconchegado entre o monte Ebal e o monte Gerizim, mas com certeza foi um desafio chegar aqui.

— Não sei ao certo, mas tem algo a ver com a nossa história com Abraão e Moisés — respondeu Calebe. — Este foi o primeiro lugar para onde Yahweh trouxe Abraão depois de lhe prometer a terra. E antes de morrer, Moisés fez Josué prometer que traria toda a nação para cá, assim que tivéssemos conquistado uma extensão de terra grande o suficiente para fazer isso com segurança. Josué já enviou seis representantes de seis das tribos a Ebal; os outros seis representantes estão se dirigindo a Gerizim. Eles estão subindo às montanhas agora. Suponho que em breve saberemos do que se trata.

Sem aviso, o som de um chifre de carneiro cortou o silêncio no vale de Siquém, chamando a atenção de Israel. Enquanto eles esperavam, um dos seis representantes em Ebal subiu em uma protuberância que dava para Siquém e em alta voz começou a declarar:

> "*Maldito quem esculpir uma imagem ou fizer um ídolo fundido, obra de artesãos, detestável ao Senhor... Maldito quem desonrar o seu pai ou a sua mãe... quem mudar o marco de divisa da propriedade do seu próximo... Maldito quem fizer o cego errar o caminho... Maldito quem negar justiça ao estrangeiro, ao órfão ou à viúva... Maldito quem se deitar com a mulher do seu pai... Maldito quem matar secretamente o seu próximo... Maldito quem aceitar pagamento para matar um inocente... Maldito quem não puser em prática as palavras desta lei.*"
> Trechos de Deuteronômio 27:15-26

Esses anúncios solenes e graves continuaram por vários minutos enquanto o povo ouvia atentamente.

— Uau, isso foi intenso — sussurrou Otoniel quando as advertências pararam.

— Você achou? — respondeu Calebe. — Você tinha que ter visto quando a terra se abriu e engoliu Corá e seus seguidores rebeldes. Isso foi intenso. Ou quando o mar Vermelho engoliu Faraó e o seu exército. Até agora, as coisas aqui estão razoavelmente tranquilas.

Otoniel gostava de ouvir o tio Calebe contar histórias acerca do êxodo — as pragas, a coluna de fogo, o Sinai trovejando, e muitas outras. Parecia que Calebe já havia visto de tudo.

Então, enquanto o povo estava meditando nas maldições proclamadas do monte Ebal, alguém começou a gritar do monte Gerizim:

"Se vocês obedecerem fielmente ao Senhor, o seu Deus, e seguirem cuidadosamente todos os Seus mandamentos que hoje lhes dou, o Senhor, o seu Deus, os colocará muito acima de todas as nações da Terra.

Todas estas bênçãos virão sobre vocês e os acompanharão, se vocês obedecerem ao Senhor, o seu Deus: Vocês serão abençoados na cidade e serão abençoados no campo. Os filhos do seu ventre serão abençoados, como também as colheitas da sua terra... e os bezerros e os cordeiros dos seus rebanhos... a sua cesta...

Vocês serão abençoados em tudo o que fizerem. O Senhor concederá que sejam derrotados diante de vocês os inimigos que os atacarem. Virão a vocês por um caminho, e por sete fugirão. O Senhor enviará bênçãos aos seus celeiros e a tudo o que as suas mãos fizerem. O Senhor, o seu Deus, os abençoará na terra que lhes dá."

Trechos de Deuteronômio 28:1-8

As bênçãos resultantes da obediência ecoaram pelo vale. Embora tenha durado apenas alguns minutos, pareceu uma hora. Então, exatamente quando o povo começava a relaxar, outra aclamação soou vinda do monte Ebal:

"Entretanto, se vocês não obedecerem ao Senhor, o seu Deus... todas estas maldições cairão sobre vocês e os atingirão: Vocês serão amaldiçoados na cidade e serão amaldiçoados no campo... A sua cesta e a sua amassadeira serão amaldiçoadas... os filhos do seu ventre... as colheitas da sua terra... os seus rebanhos... vocês serão amaldiçoados em tudo o que fizerem.

O Senhor enviará sobre vocês maldições, confusão... doenças devastadoras... febre e inflamação... calor abrasador... pragas... enfermidades... Todas essas maldições cairão sobre vocês. Elas os perseguirão e os alcançarão até que sejam destruídos, porque não obedeceram ao Senhor, o seu Deus, nem guardaram os mandamentos e decretos que Ele lhes deu. Essas maldições serão um sinal e um prodígio para vocês e para os seus descendentes para sempre."

Trechos de Deuteronômio 28:15-46

Parecia que a lista de maldições não terminaria nunca. Ninguém falou por vários minutos, até que finalmente Calebe se dirigiu seriamente a Otoniel e ao restante de sua família reunida ao redor dele.

— Foi um pouco intenso, não é? Bem, não podemos dizer que não fomos avisados.

Então, depois de pensar em silêncio por um instante, ele acrescentou:

— Então foi por isso que Deus trouxe Abraão para este lugar primeiro.

— Por que, Calebe?

— Para dar a ele uma *escolha*, assim como fez conosco hoje. A promessa da terra e de ser uma nação santa através da qual Deus Se revelaria ao mundo — isso veio a Abraão com condições, e está sendo oferecido a nós com condições também. *A desobediência amaldiçoará o sonho, a obediência o abençoará.*

Daquele dia em diante, Gerizim ficou conhecido como o "Monte das Bênçãos" e Ebal — com o seu terreno estéril e sem vida retratando o que ele simbolizava — se tornou o "Monte da Maldição". Siquém, a cidade que ficava entre os dois, se tornou o "Lugar da Escolha".

O Senhor acabaria levando Abraão a muitos lugares na sua jornada rumo ao sonho. Muitos deles seriam significativos, alguns mais do que outros. Porém, Abraão construiria um altar somente em quatro deles — uma prática que de forma inequívoca marcou esses lugares como alguns dos mais significativos da jornada rumo ao seu sonho. Siquém foi o primeiro (ver Gênesis 12:6). Situada entre os montes da bênção e da maldição, ela afirmaria para sempre o óbvio: a obediência mantém o sonho conectado a Deus e às Suas bênçãos; a desobediência traz separação Dele, o que sempre resultará em maldição.

Se parar para pensar a respeito, perceberá que foi o que Adão fez — ele se separou do sonho de Deus por meio da desobediência. Nada mais lógico então do que Deus iniciar a jornada rumo ao Seu sonho com Abraão, e mais tarde com todo o Israel, nesse mesmo lugar. Ele estava lhes mostrando que *o primeiro passo para possuir o seu sonho era permanecer ligado ao Senhor do sonho!*

Os resultados de obedecer, se comparados aos de desobedecer, podem ser enormes:

SONHE

Uma equipe de um telejornal estava em missão no sul da Flórida cobrindo a destruição devastadora do furacão Andrew.

Em uma cena, entre a devastação e os entulhos, havia uma casa em pé sobre a sua fundação. O proprietário estava limpando o quintal quando um repórter se aproximou dele.

— Senhor, por que a sua casa é a única que ainda está em pé? — perguntou o repórter. — Como o senhor conseguiu escapar dos danos severos do furacão?

— Eu mesmo construí esta casa — respondeu o homem. — Também a construí de acordo com o código de construção do Estado da Flórida. Quando o código exigia escoras de telhado de 2x6, eu usava escoras de telhado de 2x6. Disseram-me que uma casa construída de acordo com o código poderia resistir a um furacão. Eu a construí assim, e ela resistiu. Suponho que ninguém mais por aqui tenha seguido o código.[1]

Como esses códigos de construção, a obediência a Deus não tem a finalidade de nos oprimir, mas de nos proteger. Ele quer que o nosso sonho esteja protegido e seja tão abençoado quanto nós também queremos. A obediência mantém o nosso sonho atrelado a Ele e seguro contra as tempestades inevitáveis que tentarão destruí-lo.

Anos depois, Josué é visto novamente lembrando Israel acerca desse princípio (ver Josué 24). Depois de Israel ter conquistado seus inimigos e já estar vivendo na Terra Prometida por vários anos, eles começaram a fazer concessões quanto à obediência. Más escolhas estavam sendo feitas, outros deuses eram servidos e adorados. Ebal, o monte da maldição, estava sendo escolhido. Josué, agora um homem idoso, sentiu a necessidade de advertir Israel uma última vez antes da sua partida para o paraíso. *Onde devo fazer o meu discurso apaixonado?*, ele provavelmente se perguntou. Enquanto ele considerava a lista de lugares significativos — e havia muitos — um local pareceu se destacar.

> **A obediência a Deus não tem a finalidade de nos oprimir, mas de nos proteger.**

Siquém.

Mais uma vez, Josué reuniu a nação nesse lugar histórico e santo entre as montanhas emblemáticas e fez o seu discurso apaixonado. Ele começou a recontar a gloriosa história deles e as promessas maravilhosas que Deus lhes havia feito. "Estamos vivendo o sonho pelo qual outros trabalharam tanto e esperaram tanto para ver", ele lembrou. "Muitos nunca sequer conseguiram chegar até aqui — eles o viram somente pela fé."

Talvez ele tenha então lembrado a eles daquela incrível cerimônia que aconteceu anos atrás, apontando primeiro para Ebal, e depois para Gerizim. Ele encerrou o seu discurso eloquente lembrando-lhes que eles precisavam escolher a obediência a fim de experimentarem a bênção de Deus. Então, com fogo nos olhos e determinação em sua voz, Josué fez a sua famosa e muito citada declaração: *"Escolham hoje a quem irão servir... Mas, eu e a minha família serviremos ao Senhor"* (Js 24:15).

Essas palavras imortalizadas devem ser para sempre os preceitos do sonhador! Não devemos servir à nossa carne, a outros deuses ou até ao próprio sonho. Devemos servir a Ele! Não é de admirar que Deus tenha levado Abraão a Siquém no início da jornada deles. Todos os que desejam sonhar com Ele precisam ir a esse lugar, onde somos lembrados de uma vez por todas que as nossas escolhas abençoam ou amaldiçoam o nosso sonho.

A maioria de nós viu o filme *Annie*, a história de uma corajosa garota ruiva que sonha com uma vida fora do orfanato. Annie, de onze anos de idade, vivera toda a sua vida em um orfanato. Um dia, ela é escolhida para passar uma semana com um bilionário chamado Oliver "Papai" Warbucks. Annie conquista o coração dele e Warbucks decide adotá-la.

No *remake* feito pela Disney dessa história emocionante, em 1999, Annie fica maravilhada quando vê pela primeira vez a mansão de Warbucks, e sua reação é engraçada. Em seu arrebatamento típico e seu estilo dramático, Annie assimila tudo e então exclama: "Macacos me mordam, olhem só para isto!"

Às vezes, pergunto-me qual será a nossa reação quando virmos a casa do "Papai" no Céu. Provavelmente não será "macacos me mordam, olhem só para isto", mas imagino que haverá algumas exclamações divertidas.

A segunda parada de Abraão na sua jornada rumo ao sonho foi na casa de Deus. Bem, talvez não a casa de verdade, mas uma cidade cujo nome, Betel, significava "casa de Deus". E assim como Annie teve a sorte de ser levada para a casa e a família de papai Warbucks, essa cidade destinava-se a simbolizar para nós a bênção de nos tornarmos membros da família de Deus.

Com o propósito de pintar adequadamente a imagem que Ele queria que víssemos, o Artista levou Abraão a acampar a leste da cidade. Isso o colocou entre Betel e a pequena cidade de Ai, que significa "um monte de ruínas". Macacos me mordam, que nome horrível! Não tenho certeza por que alguém daria à sua cidade um nome deprimente como Ai, mas ele certamente funciona bem para o simbolismo que seria usado por Deus.

Não é preciso entender muito de profecia para perceber que fazendo Abraão acampar entre a "casa de Deus" e "um monte de ruínas", o Senhor estava mais uma vez oferecendo a Abraão uma escolha. Havia uma grande diferença, porém, entre essa oferta e a retratada em Siquém. Em Siquém ele teve de escolher o Senhor como o seu *Deus*; em Betel, ele O escolheu como Pai.

Receber uma oferta para ser membro da casa de Deus significava que Deus estava estendendo a Abraão o privilégio e os benefícios de ser parte da família. *"Escolha viver comigo e experimente as bênçãos da Minha família, Abraão, ou experimente a ruína e a destruição de viver sem Mim."* Não é uma escolha muito difícil, não é mesmo?

Por mais maravilhoso que seja se tornar parte da família de Deus, Betel nos mostra algo ainda mais significativo. O plano fundamental de Deus era não apenas que *morássemos* na Sua casa, mas que *fôssemos* a Sua casa — depois da Cruz, aqueles que aceitam a Cristo se tornam Betel! Ao retomar o Seu sonho, Deus não estaria satisfeito até que fosse novamente capaz de soprar o Seu Espírito dentro do nosso espírito, fazendo de nós o lugar da Sua habitação.

Quando o apóstolo Paulo disse que agora somos o templo do Espírito Santo (ver 1 Coríntios 3:16; 6:19, ACF), a palavra usada para "templo" foi um termo reservado unicamente para o Lugar Santíssimo do templo de Salomão. Esse era o santuário interior onde a presença e a glória de Deus habitavam. Incrivelmente, Paulo estava dizendo que nós havíamos nos tornado o Lugar Santíssimo e que a glória *shekinah* de Deus agora habitava em nós — nós havíamos nos tornado Betel. Isso muda tudo acerca dos nossos sonhos! Deus agora pode dar à luz sonhos *dentro de* nós, e não apenas ser uma influência *externa* para eles. E para realizar os nossos sonhos nós não temos de depender apenas da nossa compreensão, sabedoria e habilidades limitadas. O Espírito Santo dentro de nós agirá como o nosso conselheiro e guia. O Doador de sonhos agora é também o nosso Treinador de sonhos. Siquém e Betel revelaram a Abraão que o seu Deus e Pai estava esperando para abençoar o sonho dele. O nosso Pai celestial nos ama, e Ele ama quando sonhamos. Desde que escolhamos andar com Ele, Deus está pronto para nos abençoar e guiar para que nossos sonhos tenham êxito.

Mas, como Abraão descobriria, há ainda um nível mais profundo em nosso relacionamento com o nosso Criador.

Recapitulando

1. Descreva a localização de Siquém e seu significado.
2. Qual é o primeiro passo para possuir o sonho?
3. Onde Josué fez o seu famoso discurso registrado em Josué 24? Por quê?
4. Descreva a localização de Betel e o significado de onde ela estava localizada.

5. Qual é o significado de "Betel"? O que isso significa para nós?

6. Pense em como as importantes verdades representadas por Siquém e Betel poderiam se aplicar à sua vida e aos seus sonhos. Seja sincero. Todos os seus sonhos estão atrelados a Deus? Você O conhece como Pai ou você vive como um órfão?

12

Sonhando com Amigos

Eu me considerava um cristão há dezessete anos antes de descobrir que podia ter um relacionamento pessoal e verdadeiro com Deus. Antes disso, eu com certeza O conhecia como Deus e definitivamente O conhecia como o meu Salvador. Entretanto, não O conhecia como meu Pai, e andar com Ele como um amigo não era sequer algo que eu cogitava. Satanás e sua corja, com muita ajuda da religião, pintaram Deus como um ser muito distante, com o qual não é possível ter um relacionamento. Quando alguém pensa Nele, o nosso Criador é primeiramente visto como o Juiz ou, em tempos de crise, uma fonte possível, mas improvável, de ajuda. O nosso adversário é um enganador muito hábil.

Depois da queda de Adão, a jornada de Abraão com Deus foi a primeira e provavelmente a mais profunda revelação do tipo de relacionamento que Ele desejava ter conosco. Vamos fazer um retrospecto. Sua jornada juntos começou em Siquém, que ilustrava o sonho de Deus de pôr fim à rebelião do homem e demonstrava a bênção de escolhê-Lo como o nosso Deus.

Betel levou as coisas a um nível mais elevado. Yahweh desejava muito mais do que simplesmente ser o nosso Deus. O sonho Dele era desfrutar a nossa companhia como família e fazer de nós a Sua habitação outra vez. Foi nesse lugar que nós O escolhemos não apenas como o nosso Deus, mas também como o nosso Pai. Em Betel, Aquele que nos dá sonhos se tornou o Guia para os nossos sonhos.

Quando chegamos ao capítulo 13 de Gênesis, Abraão e Deus já caminhavam juntos por bastante tempo. O Senhor havia mantido a Sua parte do acordo e fizera Abraão prosperar grandemente; ele agora era rico em gado, prata e ouro (ver Gênesis 13:2). Devido ao seu estilo de vida nômade, ele perambulou por várias localidades diferentes até decidir retornar e visitar novamente Betel. Enquanto estava ali, ele e o Senhor relembraram os seus primeiros dias (ver Gênesis 13:4), e Abraão ouviu enquanto Deus o encorajava a manter o sonho vivo:

Disse o Senhor a Abrão, depois que Ló separou-se dele: "De onde você está, olhe para o norte, para o sul, para o leste e para o oeste: toda a terra que você está vendo darei a você e à sua descendência para sempre. Tornarei a sua descendência tão numerosa como o pó da terra. Se for possível contar o pó da terra, também se poderá contar a sua descendência. Percorra esta terra de alto a baixo, de um lado a outro, porque eu a darei a você".

Gênesis 13:14-17

Nesse momento, Abraão decidiu se mover novamente e se mudar para Hebrom, o terceiro lugar onde ele construiu um altar. *"Então Abrão mudou seu acampamento e passou a viver próximo aos carvalhos de Manre, em Hebrom, onde construiu um altar dedicado ao Senhor"* (Gn 13:18). O significado do nome dessa cidade, Hebrom, traz em si a ideia de uma ligação ou relacionamento íntimo tal como uma liga, federação, associação ou *amizade*. Essa pequena cidade no alto de um monte levou a caminhada de Abraão com Deus a um nível ainda mais alto.

Não nos é dito a razão pela qual Abraão escolheu parar naquele lugar naquele momento. Será que foi escolha dele? Ou de Deus? Conhecendo o Senhor como conheço e observando a maneira como Ele dirigiu tão cuidadosamente Abraão em sua jornada, creio que Ele conduziu Abraão a Hebrom. A progressão é muito clara. Em Siquém Abraão escolheu o Senhor como o seu *Deus*. Em Betel ele O escolheu como *Pai* e eles viveram juntos como família. Mas o que Deus tinha em mente o tempo todo era amadurecer o relacionamento e transformá-lo em uma amizade. *Deus quer sonhar com amigos.*

A ideia de uma amizade com Deus é mais do que simplesmente intrigante para mim. Ela mexe comigo! Ela toca o meu coração e chama por mim. Como uma tartaruga marinha que sente o ímpeto invisível, mas irresistível, de voltar ao lugar do seu nascimento, ela me atrai. De algum modo, sei no mais íntimo da minha natureza que esse é o meu destino, o meu lar. O desejo Dele por amizade foi o lugar no Seu coração, onde fomos concebidos. A nossa busca e o nosso destino é encontrar esse lugar novamente.

Ser Seu amigo é o sonho.

Há alguns anos, eu estava caçando alces nas montanhas do Colorado quando vi um monumento à amizade. No alto de uma montanha, próximo à beira do penhasco onde é possível contemplar uma das mais majestosas vistas que se pode imaginar, havia uma placa cravada em uma rocha. Lágrimas vieram aos meus olhos quando li as palavras gravadas nela:

> Em memória de meu amigo e parceiro de caçadas, [nome], com quem percorri estas montanhas de 1963 a 2003. Ele amava estas montanhas, estes rios, estes picos nevados e estes lindos vales.
> Sinto saudades dele.
>
> [Nome]
> 1930-2003

Pode parecer excessivamente dramático, mas tirei o chapéu e fiquei em silêncio, honrando a amizade que aqueles homens tiveram. Tentei imaginar as alegrias e lembranças vividas, assim como a dor da perda que aquele velho guerreiro deve ter sentido quando subiu essa montanha, com aquela placa em sua mão, para honrar a memória de um verdadeiro amigo. Podemos apenas imaginar as horas que eles passaram juntos. A única maneira de realmente entender o companheirismo que se desenvolve quando amigos compartilham a maravilha e a grandiosidade da Criação juntos é experimentando-o. Pensei nisso enquanto olhava a vastidão das Montanhas Rochosas. Então refleti no quanto é ainda mais maravilhoso compartilhar momentos como esses com o próprio Criador.

Abraão não iniciou sua jornada sendo amigo de Deus, nem nós. É possível encontrar Betel, estar na família de Deus e não ser Seu amigo, assim como acontece com a nossa família natural. Podemos ser da mesma família que outra pessoa, até mesmo ser seu filho ou filha, e não sermos amigos dela. Uma amizade implica proximidade e leva tempo para se desenvolver. Ela é feita de confiança, compatibilidade, afeição e, é claro, um alto nível de conhecimento interpessoal.

Tenho muitos conhecidos, mas poucos são aqueles a quem chamo de amigos. Os poucos que classifico assim são aqueles com quem gosto de passar tempo de qualidade compartilhando as experiências da vida. Somos vulneráveis uns com os outros, comunicando livremente nossas esperanças e sonhos. Celebro as minhas vitórias com eles e eles me consolam quando estou sofrendo. Mantemos as coisas em um plano real. Minhas defesas caem quando estamos juntos; com eles, abaixo a minha guarda e sou transparente, sem medo de deixar que eles vejam o verdadeiro eu — a versão sem verniz. Sei que posso sempre contar com eles e eles comigo. Muitas outras características que definam a amizade poderiam ser dadas, mas isto é claro: a amizade define o mais alto nível de relacionamento.

Às vezes, acho graça quando ouço um cristão fazer referência a Deus como seu "amigo". Havia um corinho popular há alguns anos sobre ser amigo de Deus. Eu gostava da canção, mas quando ouvia as multidões cantando não podia evitar pensar no quanto aquilo não era verdade para a maioria deles. Suponho que seja bom cantar isso como um lembrete da oferta de Deus a nós, assim como meus pais costumavam cantar "Em Jesus Amigo Temos". Essas canções podem ser uma realidade para aqueles que as escreveram, mas para a maioria das pessoas, elas simplesmente não refletem a verdade. A maioria dos cristãos não vive a verdadeira intimidade com Deus, passa muito pouco tempo com Ele e tem um conhecimento muito limitado do Seu coração e dos Seus caminhos. "Um conhecido casual" definiria melhor o relacionamento deles com Deus. Não devemos diminuir o valor da verdadeira amizade, igualando-a ao relacionamento que temos com conhecidos casuais.

Antes que alguém me entenda mal, quero dizer, porém, que a amizade com Deus é possível para todo crente e é o desejo Dele para nós. Isso é o que Hebrom representa. Deus por fim desfrutou um relacionamento com Abraão que tinha esse nível de profundidade — por três vezes na Bíblia Ele o chamou de Seu amigo — e é o que Ele deseja ter com cada um de nós. Essa não é apenas uma parte do nosso destino, é parte do sonho de Deus.

> **Ser amigo de Deus é possível para todo crente e é o desejo Dele para nós.**

Ao expor o nosso entendimento superficial da amizade com Deus e o fato de que tão poucos a experimentam, não tenho a intenção de questionar nossas intenções e motivos. A verdade é que somos muito semelhantes a Abraão no início da sua jornada com o Senhor. A maioria de nós começa a nossa caminhada com Deus assim como Abraão— querendo os benefícios que Ele oferece. Não estamos muito interessados nos sonhos Dele; provavelmente nem sequer temos consciência de que Deus tem algum sonho. Mas estamos cientes de que Ele pode nos ajudar com os nossos sonhos, por isso fazemos acordos com Ele, falamos com Ele primeiramente com base nas nossas necessidades e lembramos a Ele que Ele é o nosso Pai — a nossa fonte.[1]

No seu sermão "A Oração do Discípulo", Haddon Robinson conta a seguinte história que retrata esse início de caminhada no qual sabemos pouco e agimos de maneira tão inapropriada:

Quando os nossos filhos eram pequenos, costumávamos fazer uma brincadeira com eles. Eu segurava algumas moedas com meu punho fechado. Eles se sentavam no meu colo e tentavam abrir os meus dedos. De acordo com as regras internacionais da abertura de dedos, quando o dedo era aberto, ele não podia ser fechado outra vez. Então eles se esforçavam ao máximo, até conseguirem pegar as moedas da minha mão. Eles pulavam do meu colo e saíam correndo, cheios de alegria e prazer. Eram apenas crianças. Era apenas uma brincadeira.

Às vezes, quando nos aproximamos de Deus, vamos em busca das moedas que estão na Sua mão.

— Senhor, preciso de uma boa nota para passar de ano. Ajuda-me a estudar.

— Senhor, preciso de um emprego.

— Senhor, preciso de um carro.

Vamos em busca das moedas. E depois nos afastamos.[1]

Será que vemos Deus inicialmente como o nosso Provedor? Sim. Será que realmente O conhecemos como Amigo? Não, não no início da nossa jornada. Deus, porém, entende isso, e no Seu amor e humildade está disposto a ir ao nosso encontro onde estamos. "*Ele nos amou primeiro*", a Bíblia nos diz (1 Jo 4:19), e não o contrário. O Seu amor nos abraça e faz de nós Seus filhos. E assim como um filho natural não começa o seu relacionamento em um nível de amizade com a mamãe e o papai, o nosso Pai celestial sabe que também não começaremos assim com Ele.

A maioria de nós, quando erámos mais novos e morávamos na casa de nossos pais, confiávamos neles para suprir as nossas necessidades. E era de se esperar que fosse assim. Mas para muitos de nós, chegou o dia em que quisemos ser mais do que apenas um filho bem cuidado. Pelo menos aconteceu comigo — eu quis ser amigo dos meus pais. A essa altura eu me importava mais com a felicidade deles, com o bem-estar e os sonhos deles do que com o dinheiro deles. Eu queria dar a eles mais do que queria tirar deles. Já não falávamos mais somente sobre a minha felicidade; discutíamos coisas que interessavam a eles também. Ao longo dos anos, a fé deles foi sendo transferida para mim, e sonhávamos juntos em fazer a diferença para Deus. O nosso relacionamento amadureceu e se tornou uma amizade.

O mesmo aconteceu com Abraão. Ele iniciou a sua jornada com Deus em busca de terras, bênçãos e grandeza. Ele abraçou a promessa de um filho biológico por intermédio de quem ele daria origem a uma grande nação. Mas felizmente, o relacionamento amadureceu. Houve até alguns momentos tensos no caminho. Quando Deus não deu o filho que havia prometido a Abraão e Sara da maneira que eles esperavam, eles demonstraram sua falta de confiança decidindo ter um filho por meio de Agar, a serva de Sara.

Ainda assim, embora Abraão tenha demonstrado sua humanidade, no fim ele provou que a sua confiança em Deus havia crescido a um nível que poucas pessoas jamais atingiriam. Ele estava disposto até a sacrificar Isaque, seu filho há tanto tempo esperado, acreditando que se o fizesse, Deus ressuscitaria Isaque dos mortos. Que confiança!

O Senhor valorizava tanto a Sua amizade com Abraão que, quando Abraão morreu, Ele providenciou que ele fosse enterrado em Hebrom. Não posso evitar crer que, assim como a placa do companheiro de caçada no topo da montanha, aquele foi o tributo de Deus à amizade deles. Gosto de imaginar que quando Abraão chegou ao Céu, talvez Jeová levantou-Se, chamou a atenção de todos e honrou o velho patriarca: *"Este é Abraão, Meu amigo. Nós sonhamos juntos"*.

Quando Deus estiver procurando alguém na Sua família com quem Ele possa ser vulnerável, um amigo com quem Ele possa compartilhar as Suas esperanças, sonhos e, sim, até as Suas decepções, espero que Ele sinta que pode contar comigo. E quando a minha vida terminar e o meu corpo repousar, se puder ser dito que Ele e eu éramos amigos, eu terei sido bem-sucedido.

Vamos para Hebrom.

Recapitulando

1. Deus, Salvador, Pai, Amigo — onde você se encaixa nesta lista que indica o quanto você conhece Deus?

2. Refaça o caminho trilhado por Abraão construindo altares de Siquém a Hebrom. Compare o seu caminho com os marcos presentes na trajetória de Abraão.

3. Você está pronto para ir a Hebrom? Separe tempo para estar com Deus. Ande, ore, fale com Ele. Comprometa-se e renda-se à amizade — ou a uma amizade mais

profunda — com Ele. Faça um diário sobre o seu relacionamento com Deus.

4. Pense em alguém que você conhece que é um modelo de amizade com Deus. O que você vê nele que pode imitar?

5. Que atitudes, fraquezas ou ações presentes em sua vida são um obstáculo no caminho da sua amizade com Deus? Arrependa-se deles e determine a maneira como irá vencê-los.

13

Calebe

Hebrom, com a sua história profunda e seu simbolismo profético, tornou-se uma cidade tão significativa que merece ser novamente mencionada. Geração após geração, ela continuou sendo um dos lugares mais importantes de Israel. Embora o Senhor tenha dado a Abraão a família que Ele havia prometido e o tenha abençoado materialmente até ele se tornar muito rico, foram necessários quatrocentos anos antes que a plena posse de todas as terras realmente acontecesse. Obviamente, isso não ocorreu enquanto Abraão ainda estava vivo, mas finalmente sucedeu por intermédio dos seus descendentes, genros e noras. Um deles foi um amigo de Deus chamado Calebe.

Calebe era um sonhador — e que sonhador! Esse guerreiro era um dos doze homens enviados por Moisés para espiar a Terra Prometida. Ele e seu amigo Josué foram os únicos dois espias que tiveram fé e coragem suficiente para crer que Israel poderia derrotar os gigantes e possuir o que Deus havia prometido. Para os outros dez, os riscos superavam o sonho.

Todo sonhador sempre passará por um momento no qual o sonho dele será comparado aos riscos que ele precisará correr. Há gigantes se opondo a todo sonho que vale a pena. A decisão de assumir ou não o risco e enfrentar ou não o gigante dependerá do valor do sonho e das probabilidades que se acredita ter de sucesso.

No filme *Coração Valente*, William Wallace desafia seus irmãos a não abrirem mão do sonho de liberdade deles. Eles estão aterrorizados com o poderoso exército inglês e são muito menores em número, por isso querem fugir. Wallace, naturalmente, está pronto para brigar. A pergunta dele faz com que eles considerem o valor do sonho.

"Eu sou William Wallace, e diante de mim vejo um exército inteiro de meus compatriotas para lutar contra os ingleses. Vocês podem lutar e talvez morrer, ou podem fugir e viver. Pelo menos por algum tempo. Mas ao morrerem em suas camas daqui a muitos anos, vocês estarão dispostos a trocar todos os dias, deste dia em diante, por uma chance, uma única chance de voltarem aqui e dizerem aos seus inimigos que eles podem tirar nossas vidas... mas nunca tirarão a nossa LIBERDADE!"[1]

Há gigantes se opondo a todo sonho que vale a pena.

Para Wallace, a decisão era fácil. O mesmo vale para Calebe. A recompensa superava em muito os riscos. O valor da liberdade do cativeiro do Egito e a abundância da Terra Prometida tornavam a decisão fácil. Ter uma fé em Deus firme como uma rocha a tornava ainda mais fácil: "Vamos tomar posse do sonho".

Quando Calebe e Israel entraram na terra prometida a Abraão, o nome de Hebrom tinha mudado. Naquela época ela se chamava Quiriate-Arba, que significa "a cidade de Arba". Arba era o maior dos gigantes que habitava a terra (ver Josué 14:15). Esse gigante demonizado havia reivindicado a cidade para si, pois ela era o ponto mais alto da terra, e estabelecera o seu governo ali. Isso não é exatamente o que satanás costuma fazer, reivindicar e poluir algo que é especial para Deus? Ele está sempre atormentando os sonhos de Deus.

Quando estava espiando a terra, Calebe viu Quiriate-Arba, agora ocupada por aquele gigante arrogante, e decidiu que queria estabelecer moradia naquela cidade. Talvez ele conhecesse a história dela bem o bastante para saber que Abraão, o amigo de Deus, havia sido enterrado ali. Ou a possibilidade de viver naquele lugar que representava a amizade com Deus fosse a razão de Calebe se sentir atraído por aquela cidade. Ou quem sabe ele simplesmente não gostasse de gigantes maus! Não sabemos. O que sabemos é que Calebe disse: "Estou reivindicando aquela montanha. Somos capazes de derrotar esses gigantes e eu vou ficar com o maior deles" (ver Josué 14:6-15).

Ora, isso é que é ser um sonhador. Um sonhador ousado, que corre riscos.

Naturalmente, aqueles de vocês que conhecem a história entendem que devido ao medo e à incredulidade das pessoas que não correm riscos, Calebe teve de esperar quarenta e cinco anos para tomar posse do seu sonho. O Senhor fez perambular no deserto a geração incrédula de israelitas por quarenta anos até que todos eles morreram, e então permitiu que a geração seguinte entrasse e possuísse a terra. Embora tivesse de ter esperado algumas décadas, Calebe finalmente recebeu o seu sonho. Ele conquistou os descendentes de Arba e tomou posse dessa fortaleza na montanha. E como ele renomeou a "cidade do maior de todos os gigantes"? Hebrom, é claro.

Calebe e sua história inspiraram milhões de pessoas ao longo dos últimos séculos. Merecidamente, milhares de mensagens foram pregadas sobre esse sonhador cheio de fé. Quais são algumas das lições mais importantes que podemos aprender com ele e que nos ajudarão na nossa jornada rumo ao nosso sonho? Eis algumas lições óbvias.

Primeiro, *nunca desista de sonhar.* À medida que envelhecemos, os sonhos às vezes mudam, mas a nossa natureza sonhadora não deve mudar. Continue sonhando e, sempre que possível, mantenha cada um de seus sonhos vivo. Calebe teve de esperar mais de quarenta anos para receber a sua promessa, mas ela ainda valia a pena. E Deus manteve o seu guerreiro forte e com boa saúde de forma sobrenatural para que ele pudesse possui-la e desfrutar a vida ali. Em Josué 14:11, Calebe diz: *"Ainda estou tão forte como no dia em que Moisés me enviou; tenho agora tanto vigor para ir à guerra como tinha naquela época".* Calebe tinha oitenta e cinco anos de idade quando disse isso. Deus nunca se esquece das promessas que faz aos Seus amigos.

Calebe também nos ensina que *se entregar completamente a Deus e à Sua causa resulta na realização dos seus sonhos. "Por isso, até hoje, Hebrom pertence aos descendentes de Calebe, filho do quenezeu Jefoné, pois ele foi inteiramente fiel ao Senhor, o Deus de Israel"* (Js 14:14). Deus ama quando agimos com inteireza de coração. O Seu testemunho de que Calebe foi completamente fiel é um dos maiores tributos que poderiam ser feitos a alguém. A religião não produzirá esse tipo de devoção — apenas a amizade. Ou talvez a família.

Alvin Straight, de setenta e três anos de idade, morava em Laurens, Iowa. Seu irmão, de oitenta anos de idade, morava a alguns quilômetros de distância em Blue River, Wisconsin. De acordo com a Associated Press, o irmão de Alvin sofrera um enfarte e Alvin queria vê-lo, mas havia um problema com o transporte. Ele não tinha carteira de motorista porque sua visão era ruim e aparentemente tinha aversão a aviões, trens ou ônibus. Mas Alvin não permitiu que isso o impedisse. Em 1994, ele subiu no seu trator e o dirigiu por todo o caminho até Blue River, Wisconsin.

A devoção sempre encontra um jeito.[2]

O comprometimento, a inteireza de coração e o sonho de Alvin de ver seu irmão superaram os obstáculos. Do mesmo modo, o sonho de Calebe de ver a Terra Prometida ser totalmente possuída pelos descendentes de Abraão, assim como a sua total confiança e obediência Àquele que gerou inicialmente o sonho, trouxe a capacitação divina. Calebe sabia que ser "totalmente" fiel a Deus era a chave para vencer e realizar o sonho.

> **Se entregar completamente a Deus e à Sua causa resulta na realização dos seus sonhos.**

Calebe e a sua recompensa, Hebrom, também são provas para nós de que *nenhum gigante é grande o bastante para nos impedir de realizar os sonhos que Deus nos deu*. Por maiores que eles sejam, por mais bem fortificados que estejam e por maior que seja o tempo em que se encontram ali, Deus é ainda maior. Todos os gigantes devem ser medidos em comparação com Ele.

Quando o assunto é sonhos e destruir gigantes, perspectiva é tudo.

Um dia, um pai e sua família rica levaram seu jovem filho em uma viagem ao campo com o firme propósito de lhe mostrar como vivem as pessoas pobres. Eles passaram um dia e uma noite na fazenda de uma família muito pobre. Quando retornaram da viagem, o pai perguntou ao filho:

— Como foi a viagem?

— Muito bem, papai!

— Você viu como as pessoas pobres vivem? — perguntou o pai.

— Sim!

— E o que você aprendeu?

O filho respondeu:

— Vi que nós temos um cachorro em casa, e eles têm quatro. Temos uma piscina que vai até à metade do jardim, e eles têm um rio que não tem fim. Temos lâmpadas importadas no jardim, eles têm estrelas. O nosso pátio vai até o quintal da frente, eles têm todo o horizonte.

Quando o garotinho terminou, o pai estava sem palavras. O menino acrescentou:

— Obrigado, papai, por me mostrar o quanto somos pobres![3]

Para a maior parte de Israel, Arba era poderosa demais para ser dominada. Calebe tinha uma perspectiva diferente. Ele estava simplesmente feliz pelo gigante ter feito a maior parte do trabalho construindo aquela cidade para ele, o lugar onde ele e Deus passariam um tempo juntos.

Há mais uma coisa a ser dita a respeito de Hebrom. A maioria das pessoas não sabe que anos depois o rei Davi, outro sonhador e amigo de Deus, iniciou o seu reinado em Hebrom. Embora ele tenha por fim governado Israel de Jerusalém, Hebrom viu o nascimento do seu reino. Os sonhos não apenas se realizam em Hebrom, "o lugar da amizade com Deus", *como a autoridade que vem Dele também começa ali.*

O Senhor dá autoridade àqueles em quem Ele pode confiar, e a confiança nasce a partir do relacionamento. Devo admitir que a minha jornada com o Senhor começou com uma perspectiva egoísta — eu estava mais interessado em saber o que ganharia com aquilo. Temo que até alguns dos sonhos no início do meu ministério, embora eu não percebesse isso naquela época, estivessem corrompidos pela ambição humana e envenenados pelo orgulho. Nem sempre é fácil reconhecer as contaminações sutis da nossa alma, principalmente quando o nosso coração é impelido pelo amor a Deus e pelo desejo de servi-Lo. Davi sabia disso e em determinado momento disse: *"Tu terás de sondar o meu coração, para ver o que realmente existe ali"* (ver Salmos 139:23-24).

O que posso também testemunhar, porém, é que exatamente como Abraão, eu cresci em meu relacionamento com o meu Pai celestial. E mais do que qualquer coisa, quero ser companheiro Dele, andando e sonhando com Ele como Seu amigo. Como Calebe, estou tentando segui-Lo de maneira totalmente fiel — eu gosto de pensar que Ele pode confiar em mim. Quando os olhos Dele percorrerem toda a Terra, procurando alguém cujo coração seja completamente Seu (ver 2 Crônicas 16:9), espero que eles sempre parem sobre mim.

E você?

Recapitulando

1. Descreva algumas diferenças entre os dois homens de fé, Josué e Calebe, e os outros dez homens que foram espiar a Terra Prometida.

2. Qual é a importância do nome anterior de Hebrom?

3. Qual das lições aprendidas com Calebe fala mais a você neste momento da sua vida? O que você pode fazer para aplicá-la em sua vida pessoal?

4. O que seguir a Deus "totalmente" significa para você?

5. Qual é o maior gigante em sua vida com o potencial de impedir que você vivencie o seu destino? Peça a Deus e, se necessário, a outros para ajudá-lo a desenvolver um plano para superar isso.

6. Qual é a relação entre Hebrom e autoridade?

14

O Teste da Espera

Escreva o sonho. Coloque-o no papel e se certifique de tê-lo feito de maneira bem clara para que outros, ao lerem a respeito do seu sonho, possam se tornar parte dele. Lembre-se de que o sonho não é somente para você, ele também é para outros no futuro; no momento certo ele acontecerá. Esteja certo disso. Portanto, embora você tenha de esperar um pouco, não desista. O sonho com certeza acontecerá.

Minha paráfrase de Habacuque 2:2-3

Embora tenha sido registrado pelo profeta Habacuque em um período posterior da História, essas palavras facilmente teriam sido escritas para Abraão. O seu relacionamento com Yahweh já havia alcançado o *status* de amizade, mas a força dessa amizade continuaria a ser provada. E nada a testaria mais do que a promessa feita por Deus de que ele teria um filho. Esse era o maior sonho de Abraão, porque essa era a parte que daria continuidade a todos os seus sonhos. Abraão não tinha como saber o quão profundamente os sonhos dele e os de Deus estavam interligados. Naturalmente, havia a declaração velada: *"Abençoarei os que te abençoarem, e amaldiçoarei os que te amaldiçoarem; e* em ti serão benditas todas as famílias da Terra"* (Gn 12:3 – ACF; grifos do autor). Mas não havia realmente maneira alguma de Abraão saber que o Salvador do mundo e do sonho de Deus iria por fim nascer a partir da sua descendência.

Mas essa era a verdade. Os sonhos deles estavam inseparavelmente interligados. Talvez por isso levaria ainda algum tempo para que ele realizasse o sonho de ter um filho. Um bom tempo. Ninguém sabe ao certo por que o Senhor esperou vinte e cinco anos para dar Isaque a Abraão e Sara. Talvez fosse para coincidir com o nascimento de Rebeca, a futura esposa de Isaque; ou esse simplesmente era o momento exato no desenrolar da História em que ele deveria nascer; ou quem sabe a espera tivesse simplesmente a função de aperfeiçoar o caráter de Abraão e de Sara. Não há como saber ao certo. O que sabemos é que esse foi um teste brutal para ambos.

Também sabemos que o nascimento de Isaque não era apenas para Abraão e Sara. Esse é um dos desafios de sonhar, pelo menos quando Deus está envolvido: Deus não joga "Paciência" no computador, um jogo solitário. Agora que ofendi a sua sensibilidade usando um jogo de cartas

> Os sonhos que fluem de Deus para nós sempre se destinarão a abençoar e a beneficiar outros, e não apenas a nós mesmos.

para exemplificar o modo como Deus age, pelo menos ouça o meu ponto de vista. Quero dizer que Deus não é adepto do individualismo — "uma doutrina social ou ética que enfatiza a importância do indivíduo e não a do grupo; a afirmação de si mesmo desconsiderando o outro". Ele é adepto da individualidade — "a qualidade ou as características que tornam uma pessoa diferente das outras" — e fez cada um de nós com uma personalidade única e dons peculiares. Mas em se tratando dos sonhos, Ele deseja ver o corporativismo em ação e não o individualismo. Isso não quer dizer que o sonho propriamente dito precisa ser compartilhado pelos outros, apenas que quando Deus dá um sonho normalmente não é para abençoar somente a pessoa a quem ele é dado. Ele é um doador por natureza e quer que compartilhemos essa natureza. Os sonhos que fluem Dele para nós sempre se destinarão a abençoar e beneficiar outros, e não somente a nós mesmos.

Anos atrás, um homem que mudou os hábitos alimentares dos norte-americanos certificou-se de que a sua influência fosse além da mesa do café da manhã. Henry Parsons Crowell foi o fundador da Quaker Oats Company. A sua perspicácia para os negócios e o seu gênio para o marketing o levaram a galgar os mais altos degraus no mundo dos negócios. Os sonhos dele, porém, o conduziram aos mais altos níveis de frutificação para o Reino.

O Sr. Crowell era visto como um dos homens de negócios cristãos mais respeitados no início do século 20 nos Estados Unidos. Ele ajudou a criar novos métodos de marketing e merchandising totalmente diferentes que ainda são revolucionários, até mesmo para os padrões atuais. Quando morreu, em 1944, como um dos homens mais ricos de Chicago, ele já havia doado 70% dos seus bens ao longo de quarenta anos. Ele escolheu trabalhar duro e nunca fazer concessões, mesmo quando isso pudesse lhe trazer mais prosperidade. Crowell encarava todas as coisas como a administração das coisas de Deus. Em tudo o que fazia, Crowell procurava honrar a Deus, fosse em seus negócios ou por meio dos seus quarenta anos como presidente do conselho do Instituto Bíblico Moody. Ao longo dos anos, homens de negócios passaram a conhecer Jesus Cristo pessoalmente por causa da sua influência.

A Fundação Henry Parsons Crowell e Susan Colemann Crowell declara expressamente que o seu propósito é financiar o ensino e a expansão ativa das doutrinas do Cristianismo evangélico. Hoje, mais de setenta e cinco anos depois, essa diretriz ainda guia a diretoria da fundação à medida que eles destinam recursos do fundo para organizações cujas missões estão alinhadas com a visão do Sr. Crowell. A sua visão e a sua missão têm abençoado centenas de ministérios todos os anos em todo o mundo.[1]

É sempre inspirador para mim quando ouço falar de pessoas que geram riqueza e investem a maior parte do seu dinheiro nos sonhos do Reino. Eles entendem que o sonho não é somente para eles. E foi isso que aconteceu com Abraão. A promessa de Isaque não era apenas para ele, mas para todos nós. Portanto, Isaque tinha de chegar do jeito de Deus, no tempo de Deus. Ele na verdade se tornaria um tipo ou uma sombra (termos bíblicos que indicam a existência de algo que está sendo usado para retratar uma realidade futura) do próprio Filho de Deus. Portanto, Abraão e Sara teriam de esperar, e o sonho seria testado.

Ambos os sonhadores passaram no teste, embora eles tenham tido de refazer algumas partes. O privilégio de refazer os testes nos quais não passamos é um dos benefícios da graça de Deus. Ele permitirá que os refaçamos até que passemos. O sistema de notas de Deus é passar ou não passar, e ainda que Ele não permita que colemos ou que optemos por desistir, podemos repetir as provas até sermos aprovados.

Isso pode ser exemplificado no caso de Abraão e Sara pela sua fé, que vacilava de vez em quando. Quando eles estavam com uma idade bem avançada, ambos realmente riram diante da face de Deus quando Ele reafirmou a promessa. O nome de Isaque na verdade significa "riso", uma ordem do Senhor em resultado desse episódio. (Você não pode dizer que o Senhor não tem senso de humor.) Mas no fim eles creram. Isaque nasceu e o riso de zombaria se transformou no riso de alegria. Isaque, bem, imagino que ele não teve como escapar desse jogo de palavras pelo qual passaria a ser permanentemente conhecido.

Também houve uma fase sombria antes de Isaque chegar quando Abraão mentiu para um rei acerca de Sara. Ao que parece, ela era muito bonita, e Abraão teve medo de que o rei o matasse e a tomasse por esposa. Ele não foi exatamente um cavalheiro! Mas Deus nunca disse que eles eram perfeitos. No final das contas, o que mais importava para Deus era que eles tivessem se tornado amigos fiéis. Amigos que sonham.

Como aconteceu com Abraão e Sara, os seus sonhos também serão testados. Ninguém disse que sonhar era fácil. O ladrão de sonhos tentará roubar os seus sonhos, outras pessoas também o farão, e a própria vida reservará algumas surpresas ao longo do caminho. Mas não pare de sonhar. Lembre-se de que você não está sonhando apenas para si mesmo. Outros também dependem dos seus sonhos.

Outra pessoa bem conhecida que também atende pelo nome de Abraão, Abraham Lincoln, não desistiu do seu sonho e foi sempre perseverante. Ele nasceu pobre e teve que lidar com a derrota ao longo de sua vida. Ele perdeu oito eleições e fracassou por duas vezes nos negócios. Ele tentou entrar na faculdade de Direito, mas não conseguiu. Ele ficou noivo certa vez e pretendia casar-se, mas a sua noiva morreu. Ele pediu dinheiro emprestado a um amigo para iniciar um empreendimento e depois faliu. Ele chegou a até mesmo sofrer um severo colapso nervoso. Abe (apelido de Abraham Lincoln) candidatou-se ao Congresso sete vezes, mas só ganhou duas. Em 1860, dois anos após ter concorrido ao Senado e perdido, ele foi eleito presidente dos Estados Unidos. Às vezes, a única diferença entre aqueles que alcançam e os que não alcançam é a perseverança. O grande pregador Charles Spurgeon disse certa vez: "Pela perseverança o caracol chegou à arca".

Abe, o honesto, — como ele era conhecido — não parou de sonhar, e você também não deve parar. Fico feliz por ele ter continuado a sonhar. A nação inteira também — há um monumento em Washington DC em homenagem aos sonhos dele. E fico feliz pelo nosso pai espiritual, Abraão, também ter continuado a sonhar porque, no final das contas, ele estava sonhando para todos nós. Ele e Sara passaram no teste da espera, e Isaque e a sua descendência foram a nossa recompensa.

Os sonhos de Abraão ainda enfrentariam mais uma prova que o levaria aos limites da sua fé em Deus e da sua amizade por Ele. Essa porém, acabou sendo mais do que uma prova. Oculto dentro dele havia um pequeno vislumbre do futuro e do coração do Deus que, como veremos, se tornou o maior sonhador do mundo.

Recapitulando

1. Qual é a diferença entre individualismo e individualidade?

2. Como Deus usa a nossa individualidade no processo do sonho?

3. Por que nossos sonhos podem demorar a se realizar?

4. Como você pessoalmente lida com o teste da espera?

5. Você já teve de refazer alguma prova para ser aprovado? Por quê?

6. Pense na pessoa que em sua opinião é a mais perseverante que você conhece. O que você pode aprender com ela? Envie um bilhete a ela ou telefone e agradeça. Desenvolva um plano para desenvolver essa característica mais incisivamente em si mesmo.

15

O Ensaio Geral

Quando chegamos ao quarto altar na vida de Abraão, o sonho dele está vivo e indo muito bem. Deus lhe deu terras, gado, servos, grandes riquezas, e o que é mais importante, Isaque, por intermédio de quem a promessa de se tornar uma grande nação se realizaria. O Senhor e Abraão haviam andado juntos por muitos anos e eram amigos íntimos. Mas a força do relacionamento deles seria desafiada mais uma vez. A prova seria sem precedentes e se tornaria o ponto alto do relacionamento deles, provando de uma vez por todas a incrível confiança de Abraão em Deus e a sua imensa lealdade a Ele.

Esse evento provou, entretanto, ser muito mais que apenas um teste. Ocultas nele estavam algumas das mais incríveis imagens da cruz que o Senhor já pintou. Como veremos, ele demonstrou mais do que a confiança de Abraão em Deus, sendo também um retrato emocionante da confiança de Jeová em Abraão.

Em Gênesis 22, o Senhor fez um pedido chocante a Abraão.

"Tome seu filho, seu único filho, Isaque, a quem você ama, e vá para a região de Moriá. Sacrifique-o ali como holocausto num dos montes que lhe indicarei."

Gênesis 22:2

Impressionante! Absurdo! Inacreditável! Mas foi isso que Ele disse: *Entregue-me o sonho, Abraão. Pegue a parte do sonho que é mais preciosa para você e a sacrifique a Mim.* Isso poderia lhe causar arrepios durante o seu devocional matinal.

Para Abraão, deve ter sido como levar um soco no estômago. Imagine os pensamentos e as perguntas que começaram a passar pela sua mente:

1. Será que *realmente* conheço a voz de Deus como penso conhecer?
2. Será que realmente *O* conheço tão bem quanto penso? Não creio que Ele me fará ir em frente sacrificando Isaque. Se Ele o fizer, estou convencido de que ressuscitará meu filho dos mortos.
3. Seja qual for o cenário, o que Isaque pensará com relação ao meu amor por ele? Será que isso o traumatizará a ponto de afetar sua saúde mental, de forma até mesmo permanente?

É impossível saber o que Abraão pensou, mas sabemos que ele era um bom pai e amava muito Isaque. Também sabemos que não há maior teste para a fé e confiança de alguém do que o enfrentado por ele. Dizer que Abraão apenas "passou na prova" seria o maior eufemismo que eu já ouvi! Ele não só respondeu "sim" às perguntas 1 e 2, como também confiou em seu Amigo no que se refere à pergunta 3.

O exemplo que isso nos desafia a imitar em nossos sonhos parece ridiculamente pequeno em comparação com o que Abraão teve de fazer. Não obstante, esse é um princípio válido que precisamos sempre nos lembrar. *Quando Deus pedir a você o seu sonho, devolva-o a Ele.* Sonhos são poderosos. É possível que nossas emoções estejam tão atreladas a eles a ponto de um sonho se tornar um senhor a quem servimos, em lugar de ser uma missão ou objetivo no qual cumprimos o papel de administradores.

Foi exatamente o que aconteceu com Adão e Eva, e todos nós herdamos o mesmo vírus. Administrar o sonho não foi o suficiente; eles se convenceram de que podiam possuí-lo. A essa altura, em vez de Deus continuar como Senhor do sonho, o sonho se tornou o senhor. Desejos legítimos passaram a ser anseios ardentes, até mesmo obsessões. Nós humanos temos servido aos nossos sonhos desde então. Matamos por eles, abandonamos família e amigos para realizá-los e mantê-los, e gastamos tudo que possuímos para comprá-los. Desde a queda da humanidade, o desafio de Deus tem sido manter o sonho na posição de servo e instrumento, em vez de nós permitirmos que ele se torne o senhor.

> Um sonho pode se tornar um senhor a quem servimos, em lugar de ser uma missão ou objetivo no qual cumprimos o papel de administradores.

Seja esse sonho uma pessoa, dinheiro, bens, posição ou *status*, a única esperança para mantê-lo puro é ligá-lo a Deus.

É claro que nunca foi a intenção de Deus permitir que Abraão seguisse em frente com o sacrifício de Isaque. A única oferta humana autorizada por Ele foi a de Cristo na Cruz. Mas, naquela época, Abraão não tinha como saber disso. Ele *tinha certeza*, porém, de sua total confiança no caráter e na amizade de Deus. Yahweh providenciaria um substituto viável para Isaque (ver Gênesis 22:8) ou se Ele realmente exigisse que ele seguisse em frente sacrificando Isaque, o Autor e Doador da vida não deixaria Isaque morto — Ele o ressuscitaria (ver Gênesis 22:5 e Hebreus 11:17-19). Que confiança genuína foi demonstrada por Abraão!

Abraão realmente via a sua obediência como um ato de adoração. Quando se dirigiu aos seus servos, ele disse: *"Eu e o rapaz vamos até lá. Depois de adorarmos, voltaremos"* (Gn 22:5). Isso chega a ser assombroso. Quantos de nós consideraríamos uma prova dessa magnitude como sendo um ato de adoração? Adoramos a Deus por Ele ser quem é. Santo, verdadeiro, confiável e fiel. Abraão estava provando que conhecia a Deus sem sombra de dúvida. Ele confiava no fato de ser o Senhor o *Doador* dos sonhos, e não o *Ladrão* dos sonhos. *Ainda não sei bem o que tudo isso significa*, Abraão deve ter pensado, *mas Deus tem algo muito importante em mente e não é a morte de Isaque.*

E não é que Ele tinha mesmo?

O próprio Doador dos sonhos estava, Ele mesmo, sonhando em Moriá. O caminho que teria de percorrer até recuperar Seu sonho seria doloroso e cruel, e Ele estava prestes a nos dar uma pequena prévia dele. Esse episódio como um todo destinava-se a pintar um quadro da Cruz, onde Deus um dia retomaria aquele Seu sonho. Ninguém além Dele conhecia o Seu plano, nem mesmo os anjos, mas ali, naquela mesma montanha, Ele sacrificaria o Seu Filho e o cântico de redenção seria um dia cantado.

Ele tinha plena consciência de que a terrível violência daquele dia vindouro seria indescritível. A própria Criação desviaria o seu olhar (ver Mateus 27:45) e os próprios fundamentos da terra tremeriam (ver Mateus 27:51). O coração de Deus se partiria, os anjos observariam em choque e horror, e o Filho do próprio Deus clamaria em angústia (ver Mateus 27:46). Mas aquela morte violenta também seria um ato supremo do amor.

Quando o dia realmente chegou, satanás pensou que aquele seria o dia da sua vitória final. Algo que poderia pôr fim ao sonho de Deus de uma vez por todas. Satanás não conhecia os detalhes do plano de redenção de Deus, mas sabia que de alguma forma estava relacionado ao Filho de Deus. *Mate-O*, ele pensou. *Ele se tornou humano, frágil, mortal. Mate-O e mate o sonho!* O que satanás não sabia — ninguém além de Deus sabia — era que a Cruz fazia parte do sonho.

Impossível!

É *insano*, satanás deve ter pensado.

Na verdade, era brilhante. Dolorosa e devastadoramente brilhante, é verdade, mas ainda assim, brilhante. E, de repente, tudo fez sentido. O que parecia apenas a morte de um Sonhador em uma cruz era, na verdade, a semente de um sonho. Havia milhões de sonhos ocultos dentro Dele, esperando para serem liberados. Até a ressurreição e o Pentecostes, as palavras de

Cristo em João 12:24 ainda não tinham sido entendidas: *"Digo-lhes verdadeiramente que, se o grão de trigo não cair na terra e não morrer, continuará ele só. Mas se morrer, dará muito fruto".* Ele era o grão de trigo, nós somos os frutos.

Diversos fatores indicam que os acontecimentos no monte Moriá, no tempo de Abraão, foram um prenúncio do Calvário:

- Primeiramente, Isaque foi mencionado como o *"único filho"* ou o *"filho unigênito"* de Abraão, por não menos de quatro vezes (ver Gênesis 22:2,12,16; Hebreus 11:17), descrições sem dúvida proféticas às posteriores referências de Deus ao Seu *"Filho Unigênito"* (Jo 3:16).
- Moriá, o monte onde Abraão recebeu a ordem de oferecer Isaque, era a mesma montanha onde séculos depois Cristo seria oferecido como sacrifício em nosso lugar. Quão tristemente apropriado e incrivelmente profético é o fato de Isaque ter carregado a madeira para o sacrifício montanha acima (ver Gênesis 22:6), assim como Cristo um dia carregaria a Sua Cruz! O que deve ter passado pela mente do Filho de Deus enquanto via isso acontecer!
- Talvez a prova mais notável de todas seja o nome que Abraão deu ao lugar quando o episódio terminou. Como era de se prever, o Senhor não permitiu que ele consumasse o sacrifício. No momento exato, Abraão viu um cordeiro substituto provido por Deus, preso no mato cerrado. Depois de sacrificar o cordeiro, *"Abraão deu àquele lugar o nome de 'O Senhor Proverá' [Jeová Jirê]. Por isso até hoje se diz: 'No monte do Senhor se proverá'"* (Gn 22:14). Embora eu esteja quase certo de

que Abraão não sabia que estava profetizando o lugar da Cruz, a História confirma que sim.

A intensidade desse ensaio geral é indescritível. Ali estava o Criador pintando um retrato, velado para todos exceto para Si mesmo, do Seu sonho mais acalentado e do Seu mais terrível pesadelo: resgatar Sua família perdida por meio da morte do Seu Filho. *E Ele está literalmente fazendo isso no mesmo palco onde tudo acontecerá de fato!* Talvez por esse plano ser tão doloroso, Deus desejou que um de Seus melhores amigos estivesse ali com Ele.

O nome da montanha onde isso ocorreu também era muito significativo. Moriá na verdade significa "visto por Deus". Jeová levara Abraão para lá para mostrar a ele, ainda que de forma velada, o que Ele podia "ver" no futuro — a Cruz e a morte do Seu Filho. Deus deve ter ficado profundamente impactado ao visualizar a dor, a agonia, mas também a alegria definitiva do que aconteceria ali um dia. Ele também ficou comovido com a fé absoluta de Abraão Nele, tanto que confirmou o cumprimento da promessa feita por Ele quarenta anos antes. O Senhor também lembrou a Abraão do seu próprio sonho.

"Juro por Mim mesmo", declara o Senhor, "que por ter feito o que fez, não Me negando seu filho, o seu único filho, esteja certo de que o abençoarei e farei seus descendentes tão numerosos como as estrelas do Céu e como a areia das praias do mar. Sua descendência conquistará as cidades dos que lhe forem inimigos e, por meio dela, todos os povos da terra serão abençoados, porque você Me obedeceu."

Gênesis 22:16-18

O propósito de Deus parece bastante óbvio. Nesse lugar de sonho, onde Ele finalmente retomaria o Seu sonho, o Senhor queria que Abraão também pudesse sonhar. Dois amigos sonhadores em uma montanha, olhando para o futuro e sonhando juntos. Incrível. Comovente. Maravilhoso. A seguinte paráfrase resume a dramaticidade daquele dia:

Lembre-se da promessa que lhe fiz, Abraão. Vá em frente, sonhe.

Aqui em Moriá, o lugar onde estou vendo o Meu sonho, quero que você também veja o seu. Olhe para as estrelas, imagine os grãos de areia e veja o retrato de como Eu irei multiplicar você.

E embora você não se dê conta disso, Abraão, o Meu sonho está oculto no seu — na sua semente todas as nações da Terra serão abençoadas. Os nossos sonhos estão completamente interligados, Abraão. Na verdade, o seu sonho realmente tem tudo a ver com o Meu sonho.

Você vê estrelas, Eu vejo filhos e filhas. Você vê areia, Eu vejo uma noiva para o Meu Filho. Você vê um altar, Eu vejo uma Cruz. Você vê um cordeiro, Eu vejo o Meu Filho. Eu O trarei aqui um dia e construirei um altar na forma de uma Cruz... Não deterei a faca, mas viverei o Meu sonho!

Um dia para entrar na História.

Um dia para os amigos.

E um dia para os sonhadores em todos os lugares.

Uma amizade incrivelmente próxima deve ter sido necessária para que Deus se tornasse tão íntimo de Abraão.

Levá-lo ao lugar onde Seu maior sonho e Sua maior dor ocorreriam demonstrou o nível de intimidade entre eles. Eles assistiram ao ensaio geral juntos, e anos depois a consumação, de fato, ocorreu.

Estou certo de que esses dois amigos estavam juntos novamente naquele dia, observando os eventos se desenrolarem e compartilhando a dor enquanto Aquele que correspondia a Isaque era colocado sobre o "altar". Mas a dor, por mais excruciante que fosse, era temporária. Eles sabiam que seria. O lamento fúnebre deu lugar ao cântico da redenção — a morte perdeu, a vida venceu. Então, três dias depois, "Isaque" ressuscitou, provando de uma vez por todas que o sonho estava vivo e muito bem.

E, não posso provar isso, mas creio que o coro celestial irrompeu cantando o *Messias*, de Handel.

Recapitulando

1. Descreva o teste que ocorreu antes de Abraão construir o quarto altar.

2. Qual é o significado do local dessa prova?

3. Qual princípio foi a base dessa prova? Por que é importante seguir esse princípio?

4. Explique como o sonho de Deus foi revelado nessa prova. Seja específico.

5. O que Deus fez em função da fé absoluta de Abraão?

16

O Usurpador

Embora a experiência de Abraão em Moriá tenha retratado a Cruz onde Deus retomaria o Seu sonho de família e nos redimiria da nossa natureza caída, o cumprimento real do evento ainda estava a centenas de anos de distância. Felizmente, de vez em quando Ele encontrava indivíduos como Abraão, que foram além do egocentrismo da Queda e sonharam juntamente com Ele. A maior parte de nós, porém, por termos sido separados do nosso Criador, havia se tornado uma raça de sonhadores independentes, egoístas e materialistas. Com a nossa natureza agora contaminada, os sonhos altruístas ficaram em segundo plano por causa de uma mentalidade de "o que é que eu levo nisso", como se vê no seguinte relato:

> O time Los Angeles Lakers... iniciou a temporada de 1980-1981 sendo considerado o favorito pelo segundo

ano consecutivo. Mas quando faltavam poucas semanas para a abertura da temporada, Magic Johnson rompeu a cartilagem do joelho e precisou passar por um período de recuperação de três meses.

O time e os fãs se uniram... eles estavam decididos a superar essa fase difícil... e estavam vencendo 70% dos jogos...

À medida que o retorno de Magic se aproximava, a publicidade que o cercava aumentava... Toda a atenção da mídia estava focada no único jogador que não estava fazendo absolutamente nada. Finalmente chegou o dia 27 [de fevereiro], e enquanto as catracas giravam, cada um dos detentores dos 17.500 bilhetes recebia um broche que dizia "O Magic está de volta!"

... Normalmente apenas os jogadores que entram na quadra no início do jogo eram apresentados, e Magic ficaria no banco quando o jogo começasse. Mas mesmo assim ele foi incluído nas apresentações. Diante da simples menção do seu nome, a arena balançou ao ovacioná-lo em pé...

Os outros jogadores... ficaram tão ressentidos que só após muita dificuldade venceram o jogo naquela noite... O moral de todo o time desabou. Os jogadores se voltaram uns contra os outros. O técnico foi despedido. E eles por fim perderam a rodada dos play-offs, com um dos recordes mais desastrosos de todos os tempos.

"Por causa da ambição, da mesquinharia e do ressentimento", [o técnico Pat] Riley disse mais tarde, "tivemos uma das quedas em desgraça mais rápidas da história da NBA. Tudo por causa da Doença do Eu".[1]

A queda da graça dos Lakers pode ter sido repentina, mas a mais rápida da História de todos os tempos ocorreu no jardim do Éden. A Queda deu início à "doença do eu". Os resultados foram feios. Gênesis 6:5 descreve esse estado do seguinte modo: *"O Senhor viu que a perversidade do homem tinha aumentado na Terra e que toda a* inclinação *dos pensamentos do seu coração era sempre e somente para o mal".*

"Inclinação" é a palavra *yetser,* um termo que vimos anteriormente e significa "pensamentos, imaginações ou conceitos" (e obviamente inclui os nossos sonhos). Como você deve se lembrar, essa palavra vem da mesma raiz de *yatsar,* a palavra do Antigo Testamento para criar. Recapitulando, primeiro nós *yetser* — imaginamos ou sonhamos; depois nós *yatsar* — criamos. Esse versículo diz que o homem sonhava com o mal continuamente. Como era de se esperar, os atos "malignos" mencionados no versículo seguiram os pensamentos malignos.

O versículo seguinte diz que isso "cortou o coração de Deus". O estado da sua família tão desejada havia partido o coração do Criador. Porém, como vimos, Ele escolheu não desistir e prometeu trazer um Salvador por intermédio dos descendentes de Abraão. Um dos membros dessa família, que teria um papel-chave no plano, seria um osso duro de roer antes de poder se tornar um parceiro de Deus. Na verdade, ele me faz lembrar Jason.

Você se lembra de Jason. Iniciei este livro falando sobre ele e seu avô, Red Stevens, do filme *O Presente.* Jason era o sujeito que teve de passar por uma série de provas e reformas de caráter antes de estar qualificado para receber a sua herança.

Parece que Abraão tinha um neto como Jason; nós o conhecemos como Jacó. As semelhanças entre as duas histórias são interessantes, a ponto de serem notáveis. Ambas envolviam patriarcas de famílias, homens bons que ganharam *muito* dinheiro; cada um tinha um neto destinado a levar adiante o nome e os sonhos da família, mas que inicialmente não estava apto para a tarefa; ambos os netos tinham a "doença do eu", se importando apenas consigo mesmos e com seus próprios sonhos. Falando de um modo geral, ambos tinham falhas de caráter graves o suficiente para transformar qualquer bênção em maldição. Resumindo, ambos os jovens eram inconfundível e pateticamente humanos.

A Queda deu início à "doença do eu".

Foi enquanto eu assistia a esse filme na minha "cabana Moriá", também mencionada na Introdução, que Deus começou a falar comigo sobre Jacó. Enquanto Ele me levava de volta alguns anos atrás, eu vi muito de Jacó nos meus atos e sonhos. Todos nós, se formos sinceros, teremos de admitir ter traços de Jacó e de Jason em nossos corações. E ninguém, pelo menos no que se refere a Deus e a Red, pode conquistar uma herança tão sonhada sem passar por algumas sérias transformações. Até aqueles de nós que imaginam já terem tratado sua própria natureza de Jacó levando-a à Cruz — o lugar destinado para a sua execução — de vez em quando somos confrontados com o fato de precisarmos carregar essa parte da nossa natureza para lá *"diariamente"* (Lc 9:23), pois ela tenta ressuscitar todas as manhãs.

Pessoa alguma poderia retratar a condição da humanidade após a Queda melhor do que Jacó. Ele era um sonhador extraordinário, mas levou a arte de sonhar após a Queda ao seu nível mais *baixo*. Na verdade, ele se antecipou à maioria de nós — ele demonstrou sua verdadeira natureza desde o nascimento! Quando seu irmão mais velho, Esaú, estava nascendo, Jacó agarrou o seu calcanhar (ver Gênesis 25:26). Daí o nome Jacó, que significa "usurpador" ou "aquele que pega pelo pé". Não é muito imaginativo, mas funciona.

O termo na verdade é muito mais revelador do que um olhar apressado poderia revelar. A raiz da palavra tem o sentido figurativo de "contornar (como fazendo tropeçar pelos calcanhares), também refrear (como agarrando pelo calcanhar)". *O Dicionário Hebraico-Inglês de Brown, Driver e Briggs*, uma das ferramentas de referência mais respeitadas do Antigo Testamento, diz que a palavra significa "investir contra alguém terrivelmente" ou "atacar". Ele continua dizendo que uma boa tradução de Gênesis 25:26 seria "ele atacou seu irmão pelo calcanhar".

Que amor fraternal, hein!

A *Amplified Bible* compreende as diversas nuances do nome de Jacó, usando as expressões "suplantador, maquinador, trapaceiro, vigarista" para traduzi-lo (ver Gênesis 32:27). Basta dizer que a raiz da palavra geralmente tinha uma conotação negativa e provou ser incrivelmente profética no que se refere a esse homem. (E todos vocês que se chamam Jacó, não fiquem desanimados. Jacó finalmente superou essa natureza e o seu nome passou a ser associado a honra e grandeza.)

De acordo com o esperado, Jacó mais uma vez revelou seu coração maquinador vários anos depois, quando concebeu um plano para obter de modo fraudulento a primogenitura de seu irmão mais velho, Esaú. O direito de primogenitura pertencia ao filho mais velho e significava que a parte maior da herança seria dele. Embora a Bíblia não desculpe Esaú por vender o seu direito de primogenitura por um prato de sopa — sendo o fato dele "desprezá-la" mencionado como vergonhoso (ver Gênesis 25:34 e Romanos 9:13) — o problema foi que Jacó recorreu à sua natureza suplantadora e maquinadora para obtê-la.

Pouco tempo depois, a mesma natureza cobiçosa manifestou-se outra vez quando Jacó e sua mãe conceberam um plano sorrateiro para roubar a bênção final de seu pai sobre Esaú. Jacó era *bem* consistente! Isaque, já velho e moribundo, planejava pronunciar a bênção tradicional de despedida sobre seus filhos. E a bênção de Esaú, como o filho mais velho, seria a maior.

Mas o usurpador tinha outros planos.

Não é necessário contar todos os detalhes, apenas o fato de que o esquema envolvia enganar totalmente seu pai Isaque, agora cego, e uma manifestação sorrateira da natureza de Jacó (veja a história inteira em Gênesis 27). Você pode ter a certeza de que a sua natureza sonhadora atingiu o seu ponto mais baixo quando você engana seu irmão e tira dele a herança e engana seu pai cego e moribundo para fazer isso. Deus teria muito trabalho para fazer nesse sonhador não refinado! (Mais ou menos como os meus editores têm trabalho com a minha escrita não refinada. Eles retiram a maior parte das minhas gírias, mas de vez em quando eu os convenço a deixar algumas palavras.)

Na verdade, Jacó, como podemos ver depois, era a escolha de Deus para levar adiante o sonho da família e ser o pai da raça messiânica. A essa altura, entretanto, ele era tudo menos qualificado para isso. Longe de ser o amigo confiável de Deus, Jacó não havia nem sequer escolhido o Senhor como o seu Deus! (ver Gênesis 28:20-21). Confiar em Jacó para ser o seu parceiro para salvar o mundo? Bem, digamos apenas que Deus tem muita fé na Sua habilidade de transformar pessoas. E como Red Stevens com Jason, Deus sabia o tesouro que estava enterrado sob o solo adâmico do coração de Jacó.

Digamos apenas que Deus tem muita fé nas Suas habilidades de transformar pessoas.

Um dos usos interessantes da palavra hebraica de onde o nome Jacó é derivado é uma leve indicação da habilidade transformadora de Deus. *"Todo vale será aterrado, e nivelados, todos os montes e outeiros; o que é tortuoso será retificado, e os lugares escabrosos, aplanados"* (Is 40:4, grifo do autor, ARA). A palavra *tortuoso* vem da mesma raiz do nome Jacó. O contexto desse versículo é uma profecia que prevê o ministério de João Batista, cuja mensagem poderosa, confrontadora e convincente de arrependimento e mudança preparou o caminho para o ministério de Cristo. Por intermédio de João, os caminhos de "Jacó" foram removidos, criando um caminho pelo qual o Senhor pudesse entrar.

O Senhor estava bem a par dos lugares "tortuosos" no coração de Jacó quando Ele o escolheu. Mas Ele também via o bem em Jacó e sabia que podia transformá-lo de um usurpador tortuoso em um amigo para transformar o mundo. Ele tem planos semelhantes para todos nós. Através de toda a sujeira e lama dos nossos corações, Ele vê um parceiro de sonhos em potencial. Sua graça é realmente impressionante, como descobriu o mercador de escravos John Newton, um "Jacó" do século 18. Se Deus pôde desfazer a natureza "Jacó" de Newton e endireitar seus caminhos tortuosos, há esperança para todos nós.

Durante a maior parte de sua vida, o inglês John Newton não foi diferente de Jacó. Embora ainda jovem tivesse frequentado escolas inglesas que preparavam os alunos para o ministério, aos dez anos de idade ele estava fazendo sua primeira viagem de navio com seu pai, um rígido capitão de navios. Mais tarde, o jovem Newton fez viagens com um navio mercante espanhol, com a Marinha Real Inglesa e depois em um navio de escravos. Consta que por se envolver com frequência em problemas, Newton foi deixado na costa da África onde foi trabalhar para um mercador de escravos. De acordo com os biógrafos, a esposa do mercador sentiu tremenda aversão pelo jovem Newton e, por ironia do destino, convenceu o mercador de que o garoto devia ser tratado como um escravo. Então ali ele trabalhou com os escravos negros — mal alimentado, malvestido, sem salário — por cerca de um ano. Newton, por fim, foi resgatado por outro mercador de escravos e mais tarde retornou à Inglaterra no navio *Greyhound*.

Foi no *Greyhound* que John voltou às suas raízes cristãs. Entretanto, o reencontro com sua religião não alterou seu ponto de vista sobre a escravidão. Cinco anos depois, como capitão do seu próprio navio, ele escreveu em seu diário que era grato por ter sido guiado "a um modo de vida fácil e respeitável". Newton não estava só nessa maneira desprezível de pensar. Em 1753, quando ele escreveu esse registro, o comércio de escravos era respeitável e aceito de forma ampla na Inglaterra.

Depois de quatro anos como capitão de um navio de escravos, Newton pediu demissão de seu cargo por conselho médico. Àquela altura a sua visão sobre o comércio havia começado a mudar. Alguns anos mais tarde, depois de se tornar pastor, ele escreveu: "Creio que poderia ter deixado [o comércio de escravos] mais cedo se eu o tivesse considerado, como agora considero, ilegítimo e errado. Mas eu jamais tive escrúpulos quanto a isso naquela época nem essa ideia jamais me foi sugerida por um amigo".

Newton, mais tarde, se tornaria uma voz significativa em prol da abolição do comércio de escravos. Em 1797, conforme nos é dito, ele afirmou:

Se o comércio for realizado atualmente na mesma medida e da mesma forma, enquanto estamos nos demorando ano após ano a pôr um fim em nossa participação nele, o sangue de muitos milhares de nossos semelhantes indefesos e muito feridos clama contra nós. O estado deplorável dos sobreviventes que são arrancados de seus parentes, de seus relacionamentos e de sua terra natal deve ser considerado.

Newton percebeu quem a indústria de escravos o havia tornado. E depois de receber a Cristo e se tornar um defensor da erradicação da escravidão, ele escreveu estas palavras famosas:

Maravilhosa graça, quão doce o som,
Que salvou um miserável como eu
Eu um dia estive perdido, mas fui achado,
Era cego, mas agora vejo.

Pouco antes da morte de Newton, em 1807, o governo inglês encerrou oficialmente sua participação no comércio de escravos.[2]

Graças a Deus por Sua maravilhosa graça — e pela canção. Alguns historiadores realmente acreditam que Newton tirou a melodia de *Amazing Grace* do canto dos escravos a bordo de um de seus navios. Seja isso verdade ou não, estou certo de que ela teve origem no Céu, e todos nós somos gratos pelo Senhor ter sido perseverante em tratar com a natureza "Jacó" de John Newton. Ele transformou o seu sonho de riqueza ganha à custa de outros em um sonho de servir e libertar seus semelhantes. A canção de Newton, "Maravilhosa Graça", tem sido mais cantada do que qualquer canção na História. Com frequência cantada em funerais, ela se tornou uma das maiores canções que vão "do lamento fúnebre ao sonho" de todos os tempos.

Enquanto eu meditava sobre a jornada de Jacó no meu retiro na cabana há alguns anos, e assistia mais uma vez ao filme *O Presente*, não pude evitar pensar no quanto Deus é gracioso e paciente conosco. E irredutível. Eu sabia que Ele havia sido tudo isso comigo.

Pensei no meu passado, encarei a realidade de que agora ele era mais longo que o meu futuro e decidi fazer os últimos anos valerem por algo mais que "sonhos de Jacó". *Mais do que tudo, pensei, quero passar os anos que me restam vivendo em Hebrom, o lugar que representa a amizade com Deus.*

Jacó, como veremos, conseguiu chegar a esse lugar especial. Se ele conseguiu, nós também podemos conseguir.

Recapitulando

1. Descreva a natureza de Jacó. Como o nome dele a retratava?

2. Descreva os três exemplos dados que revelaram a natureza usurpadora de Jacó.

3. Comente sobre Gênesis 6:5-6 — o que essa passagem demonstra sobre a Queda e também o que ela mostra sobre o coração de Deus.

4. Deus conhece a natureza adâmica caída com a qual nascemos, ainda assim vê o nosso potencial como sonhadores. Avalie o quanto dessa natureza foi vencida pela Cruz (ver Lucas 9:23). Faça um plano para levar de forma consistente outras partes da sua natureza para a Cruz.

5. Pense em John Newton e na sua transformação radical. Quais são os limites da capacidade de Deus de mudar e redimir uma vida? Permita que isso edifique sua fé tanto no que diz respeito a si mesmo como àqueles a quem você ama.

.

17

Os Sonhos de Jacó

A vida de Jacó deu uma reviravolta decisiva depois que ele enganou Esaú para roubar a bênção dele. Esaú já estava farto de ter Jacó agarrado ao seu calcanhar: *"Não é com razão que o seu nome é Jacó? Já é a segunda vez que ele me engana! Primeiro tomou o meu direito de filho mais velho, e agora recebeu a minha bênção!"* (Gn 27:36).

Como a colocação de Esaú na escala de honra igualava a de seu irmão, Esaú decidiu que mataria Jacó (ver Gênesis 27:41). Jacó só tinha uma opção — precisaria se afastar por um tempo. Ele e sua mãe decidiram que ele deveria visitar seu tio Labão até que Esaú esfriasse a cabeça, e Jacó pudesse voltar para casa. Não demoraria muito.

Ou, pelo menos, foi o que eles pensaram.

Deus tinha outros planos para Jacó. Como seu avô Abraão havia feito, ele estava prestes a iniciar uma jornada rumo ao seu sonho. A de Jacó, porém, seria diferente — Deus precisa fazer sob medida a jornada de cada um de nós rumo aos nossos sonhos — mas o destino final seria o mesmo: tornar-se amigo de Deus. O Senhor teve de ir mais fundo para achar ouro em Jacó, mas estava lá. Ele começou o processo guiando Jacó de forma soberana até Betel, "*a casa de Deus*", em sua fuga rumo à casa de Labão. Aproximadamente cem anos se passaram desde que Deus encontrara Abraão ali, de modo que aquele não era mais um lugar celebrado ou mesmo reconhecido por Jacó. Mas com certeza o era para Deus.

Quando Jacó chegou a Betel, a maioria das traduções simplesmente diz que ele chegou a "um" lugar. Mas o que o texto hebraico diz, na verdade, é que ele chegou "ao" lugar (ver Gênesis 28:11). Aquele era um lugar especial para Deus — Ele iniciara ali o projeto da recuperação do Seu sonho com Abraão e, ali, Ele daria continuidade a ele.

Naquela noite, enquanto Jacó dormia, o Senhor lhe deu um sonho impactante:

> *E teve um sonho no qual viu uma escada apoiada na terra; o seu topo alcançava os céus, e os anjos de Deus subiam e desciam por ela. Ao lado dele estava o Senhor, que lhe disse: "Eu sou o Senhor, o Deus de seu pai Abraão e o Deus de Isaque. Darei a você e a seus descendentes a terra na qual você está deitado. Seus descendentes serão como o pó da terra, e se espalharão para o Oeste e para o Leste, para o Norte e para o Sul. Todos os povos da Terra serão abençoados por meio de você e da sua descendência. Estou com você e cuidarei de você, aonde quer que vá; e*

Eu o trarei de volta a esta terra. Não o deixarei enquanto não fizer o que lhe prometi".

Gênesis 28:12-15

Até mesmo fazendo uma comparação superficial entre essas palavras e aquelas ditas ao avô de Jacó, Abraão, em Gênesis 12, as semelhanças são óbvias: terra, bênçãos materiais, proteção e muitos descendentes — está tudo aqui, inclusive a parte sobre todas as famílias da Terra sendo abençoadas por meio dele. Aquele foi um sonho para Jacó, com o sonho de Deus bem encaixado dentro dele.

O Senhor havia acabado de depositar o Seu sonho mais precioso nas mãos de um usurpador manipulador e trapaceiro! Quando se trata de correr riscos em nome dos sonhos, ninguém se compara a Deus.

Após receber uma visita como essa, estou certo de que Jacó se sentiu muito especial. Ele ficou convencido do seu próprio valor. E de fato ele *era* especial e escolhido, mas o seu chamado estava ligado ao seu avô Abraão, não tinha nada a ver com sua própria grandeza. O sonho que Deus estava lhe dando era simplesmente uma continuação do sonho de Abraão. Betel era um dos lugares onde Ele iniciara a jornada rumo ao seu sonho com Abraão, e esse inquestionavelmente é o motivo pelo qual o Senhor escolheu revelá-lo a Jacó ali.

Muitos dos nossos sonhos são construídos sobre as bases lançadas por alguém antes de nós. Betel nos ensina que isso não apenas é algo bom, como também é o plano de Deus. Seja o sonho em si, os dons e habilidades que herdamos ou o treinamento que temos recebido, alguém antes de nós contribuiu para o nosso sonho.

Abraão havia se encontrado com Deus em Betel e construído um altar ali, tornando aquele lugar um lugar santo onde o Céu estava aberto. Ali onde Abraão se ajoelhara, uma geração futura poderia sonhar os sonhos de Deus — o seu altar santificou o solo, fazendo dele a cama em que Jacó sonhou. O sonho e o altar de uma geração se tornam a ponte que a geração seguinte cruzará para alcançar os seus sonhos. É importante o fato de que Jacó, assim como Abraão, construiu um altar em Betel após ter encontrado com Deus (ver Gênesis 28:18). *Apenas somos bem-sucedidos no que diz respeito ao nosso sonho quando a geração seguinte o abraça e constrói um altar ao lado do nosso.*

Em seu livro *Crisis in Morality!* (A Crise da Moralidade!) Al Sanders compara os descendentes de um ateu chamado Max Jukes à descendência de um pregador conhecido que viveu durante o mesmo período que o Sr. Jukes, Jonathan Edwards:

Max Jukes... casou-se com uma garota ímpia e entre seus descendentes havia 310 pessoas que morreram miseráveis, 150 criminosos, 7 assassinos, 100 beberrões e mais da metade das mulheres eram prostitutas.

Mas, louvado seja Deus, o inverso dessa regra também vale! Jonathan Edwards... viveu na mesma época, mas se casou com uma garota temente a Deus. Foi feita uma investigação acerca dos 1.394 descendentes conhecidos de Jonathan Edwards. Desses descendentes, 13 se tornaram presidentes de universidades, 65 professores universitários, 3 senadores dos Estados Unidos, 30 juízes, 100 advogados, 60 médicos, 75 oficiais do Exército e da Marinha, 100 pregadores e missionários,

60 escritores famosos, um vice-presidente dos Estados Unidos, 80 autoridades públicas... e 295 formados em universidades, entre os quais estavam governadores de estados e ministros em países estrangeiros.[1]

Será que alguma ilustração poderia exemplificar melhor o fato de que nossas vidas e sonhos prepararam o caminho para as futuras gerações? O fruto da vida e do sonho de Edwards estabeleceu o fundamento para os que viriam depois dele. Assim como Abraão, ele sonhou juntamente com Deus e o sonho se multiplicou. Não sonhe apenas para hoje. Inspire em seus filhos e netos o coração de um sonhador segundo a vontade de Deus. Se fizer isso, daqui a cem anos você ainda será uma influência transformadora no mundo.

> **Não sonhe apenas para hoje. Inspire em seus filhos e netos o coração de um sonhador segundo a vontade de Deus.**

Embora Jacó tenha sido profundamente impactado pela visitação que recebeu em Betel, ele ainda assim partiu dali com a sua natureza de "Jacó" inteiramente intacta. Deus teria de trabalhar nisso mais tarde. Por ora, Jeová havia realizado o que pretendia, plantando as sementes do sonho para as futuras gerações.

Como era de se esperar, Jacó não saiu de Betel antes de "Jacó-nizar" o sonho, pensando somente no que *ele* poderia ganhar com aquilo. Aquilo que *Deus* desejava ou precisava havia se desvanecido nos recessos de sua mente manipuladora. *Esse seria um bom momento para fazer um acordo com Deus*, ele raciocinou. Então ele estabeleceu o seu plano: "Se Tu fizeres estas coisas por mim", ele disse basicamente ao Senhor, "então Tu podes ser o meu Deus. Ah, e por falar nisso", ele prosseguiu, "se Tu fizeres tudo isso por mim, eu também Te darei o dízimo" (ver versículos 20 a 22).

Que "grande negócio" para Deus, hein!

A ignorância, a arrogância e a audácia desse sujeito são quase dignas de riso. Veja bem, Deus e alguns de Seus anjos haviam acabado de visitar Jacó, oferecendo-lhe uma parceria. Em lugar de ver isso como uma oportunidade de sonhar com Deus, Jacó tenta agir em benefício próprio. Esse sonhador com uma mentalidade terrena vê "*a casa de Deus*", somente através da lente da provisão e da bênção egoísta, e não como um convite para escolher a Deus como Pai.

É interessante que Jacó, diferentemente de Abraão, tenha passado direto por Siquém, onde Jeová é escolhido como o Deus de uma pessoa. O Senhor finalmente levaria Jacó para lá, mas isso demoraria duas décadas. Vinte anos depois, após outro encontro em que Deus mudou a sua natureza, ele foi a Siquém, construiu um altar e finalmente chamou o Senhor de seu Deus (ver Gênesis 33:18-20). Anos de dor poderiam ter sido evitados se ele houvesse descoberto isso antes.

Antes de atirarmos a primeira pedra, porém, devemos nos lembrar de que para a maioria de nós, a nossa ida até o altar e a nossa entrada na casa de Deus também começaram primeiramente visando os benefícios que isso nos traria. Como aconteceu com Jacó, passamos direto por Siquém, querendo provisão e bênção para os nossos sonhos sem antes aceitarmos os termos de Deus. Não podemos alcançar as fases seguintes da nossa jornada, onde Ele se torna o nosso Pai e Amigo, até que isso ocorra. Muitos cristãos na nossa cultura atual nunca chegam a esses destinos. Eles passam pela vida sonhando apenas para si mesmos, sem sequer perceber que Hebrom ou Moriá existem. Que perda de destino!

Uma das histórias tristes que vemos nos dias atuais é a de Michael Jackson, que desperdiçou uma das maiores fortunas acumuladas por um cantor.

A certa altura, Michael Jackson chegou a ter aproximadamente 1 bilhão de dólares... O declínio financeiro teve início quando, em 1988, ele adquiriu por 10 milhões de libras (14,6 milhões de dólares) a propriedade de 1.050 hectares batizada de Neverland, e que está abandonada desde 2005... Ele continuou a levar a vida de um superstar viajando com um séquito de 15 pessoas em jatinhos particulares e ficando em quartos de hotéis que custavam 7 mil libras por noite. Ele gastou centenas de milhares de libras com médicos, dermatologistas e cirurgiões plásticos, bem como se entregando à sua paixão por aparelhos eletrônicos e por Neverland.

No fim, todos os que conheciam Michael Jackson também sabiam que o artista de maior sucesso do mundo não era mais nem sequer um milionário, embora vivesse como um bilionário.[2]

Michael tinha uma dívida de cerca de 400 milhões de dólares quando morreu.[3] Que desperdício! Com aquele talento e criatividade, ele poderia ter impactado o mundo para Cristo escrevendo e tocando canções que promovessem a moralidade, a família e a amizade com Deus. Mas como tantos que são abençoados com um talento excepcional, seus sonhos não incluem Deus e o propósito para o qual foram destinados nunca é alcançado.

Não cometa esse erro. Permita que Deus seja parte do seu sonho. Embora você talvez não seja tão rico quanto Michael Jackson, um atleta da NBA ou um astro de Hollywood, você tem dons que são preciosos para Deus. Deixe que Ele entre no mundo dos seus sonhos. Não há satisfação final ou sucesso definitivo sem Ele.

O rei Salomão, talvez o homem mais rico que já viveu, e que, além disso, tinha mil esposas e concubinas, disse no fim de sua vida: *"Por isso desprezei a vida, pois o trabalho que se faz debaixo do sol pareceu-me muito pesado. Tudo era inútil, era correr atrás do vento"* (Ec 2:17). Salomão descobriu tarde demais que somente sonhar com Deus gera contentamento permanente e eterno.

Como Michael Jackson ou o rei Salomão, a vida de Jacó poderia ter terminado com a perda de tudo e com o desespero de se desperdiçar uma vida inteira... isto é, se Deus não tivesse interrompido a vida dele com outro encontro. O Senhor estava prestes a transformar a natureza de Jacó, fazendo com que deixasse de ser um usurpador para se tornar um sonhador celestial. Como com frequência acontece em eventos que transformam a vida de alguém, esse encontro seria doloroso, porém maravilhoso.

Vamos até Peniel.

Recapitulando

1. Deus propiciou um sonho a Jacó, que era a continuação do sonho de Abraão. Quem contribuiu para o seu sonho?

2. De que maneira você está construindo uma ponte para que a próxima geração busque o sonho e construa um altar ao lado do seu?

3. Descreva a reação de Jacó ao sonho que Deus lhe deu.

4. De que forma isso retrata a maneira como a maioria de nós entra para a família de Deus?

5. Pense nas suas esperanças e sonhos. Você permitiu que Deus "possuísse" a parte Dele, ou você "Jacó-nizou" alguns ou todos? Nesse caso, decida-se agora a dar a Ele a parte do sonho que Lhe pertence.

18

A Face de Deus

Entre a chegada a Betel e o retorno de Jacó para casa, vinte anos se passaram. O que ele pensava que seria um hiato relativamente curto fugindo da ira de Esaú, havia se transformado em duas décadas. Jacó ainda é "Jacó", mas isso está prestes a mudar. Embora ele não tenha consciência disso, Deus irá trabalhar em seu jeito "segurador de calcanhar" de ser.

Jacó se saiu bem. O Senhor já havia cumprido muito do que lhe prometera em Betel. Mas como a maioria de nós, mesmo depois de uma bênção tão abundante, Jacó continuava a pensar primeiramente em si mesmo. Ele está muito satisfeito por receber as bênçãos da casa de Deus, mas aquilo que Yahweh necessita ou quer não está nem de longe entre as preocupações de Jacó. Como costumamos fazer com frequência, ele "Jacónizou" o sonho de Deus.

Jacó, na verdade, lembra-se muito bem de Betel. A caminho de casa, ele reitera as promessas de bênçãos e de proteção feitas a ele ali, enquanto ora pedindo que Deus o proteja de Esaú, a quem ele em breve enfrentará. Era impressionante como Jacó se lembrava das promessas de Deus depois de vinte anos.

O que não é impressionante é o quanto ele havia esquecido completamente a parte que continha o sonho de Deus: *"Todos os povos da Terra serão abençoados por meio de você e da sua descendência"* (Gn 28:14). Essa parte nem sequer é mencionada. Assim como o Doador dos sonhos fizera com Abraão, Ele também incluíra o que precisava daquele sonho dentro das promessas feitas a Jacó. Não tenho nem sequer certeza de que Jacó ouviu essa parte tão importante. Caso o tenha feito, ela realmente não o impactou muito. Ele estava tão focado nos sonhos terrenos, que não conseguia ver os sonhos do Céu. Jacó sonhava grande, mas Deus queria que ele sonhasse *alto*. Os sonhos terrenos lhe deram riquezas, mas os sonhos celestiais lhe dariam um lugar na História.

Não se deixando deter pela rejeição, Deus leva Jacó para mais perto de um encontro com Ele que o libertaria para sempre da sua natureza egocêntrica e suplantadora. O Senhor, com o Seu poder imenso, porém cheio de graça, estava prestes a quebrantar Jacó; Ele iria marcá-lo com a Sua misericórdia. E quando Deus finalmente o fizesse, eles sonhariam juntos.

Durante a jornada, Jacó se aproxima cada vez mais de um confronto com Esaú. Esaú havia ouvido falar que seu irmão estava chegando e estava indo na direção de Jacó com 400 homens. Como era de se esperar, o manipulador Jacó cria um plano para aplacar a ira de seu irmão ainda ofendido, enviando uma série de presentes adiante de si. Enquanto continua seu caminho, ele por fim envia tudo e todos, até mesmo sua família. Deve ter sido uma visão dolorosa vê-los atravessar o riacho chamado Jaboque, se perguntando se algum dia os veria novamente (ver Gênesis 32:22).

A menos que se saiba o significado de *Jaboque*, a ironia e a importância de seu nome podem passar despercebidas. Significa "derramar-se". E se você acha que isso é só uma coincidência, você é oficialmente um cético.

Que cena impressionante!

Jacó, que havia passado a vida inteira armando ciladas para levar vantagem em tudo e para superar todos os obstáculos que cruzavam o seu caminho, está rico — muito rico — e provou estar no topo da cadeia quando o assunto é sonhos.

Ou pelo menos era assim que ele pensava.

Deus encontra-se com Jacó em Jaboque, e em apenas um dia ele perde tudo, todas as suas conquistas são derramadas em favor do irmão que ele ludibriara vinte anos antes. Quarenta anos "Jacó-nizando" arduamente, e tudo se acabou em um dia.

Os "Jacós" não são páreo para Deus.

O versículo seguinte resume o estado em que ele se encontrava e prepara o cenário para o que está para acontecer: *"E Jacó ficou sozinho"* (Gn 32:24). Jacó havia comprado e manipulado para se safar dos problemas e para conseguir prosperidade pela última vez. Ele ainda não sabia disso, mas Esaú tinha se tornado a menor das suas preocupações. Ele está a sós com Deus — e desta vez não é para ter doces sonhos. Por mais absurdo que pareça, Jacó e Deus passarão a noite lutando (ver versículo 24).

O adversário celestial começa deslocando a coxa de Jacó. Mais uma vez, o simbolismo é poderoso. A coxa de uma pessoa representa a sua força. Não apenas os seus bens e a sua família haviam sido "derramados", como Deus agora retirou sua força. Mas Jacó é mais teimoso que a maioria. Ele continuou a lutar.

"Não te deixarei ir, a não ser que me abençoes", ele diz ao seu oponente, que muitos eruditos acreditam ter sido uma aparição do próprio Cristo pré-encarnado, no Antigo Testamento. Que bênção é essa que Jacó deseja receber? A proteção contra Esaú, é claro.

O Senhor responde de maneira tão bizarra que quase temos a impressão de que um versículo ou dois foram omitidos. Isto é, até você entender o que de fato está acontecendo. *"Qual é o teu nome?"* Ele pergunta a Jacó (Gn 32:27). Procure imaginar: dois homens lutando, um mancando, mas se agarrando à vida enquanto exige uma bênção, e o outro — que obviamente conhece Seu oponente — exigindo saber o seu nome. O que está acontecendo?

A *Amplified Bible* dá a explicação mais clara que já vi ou ouvi para esse cenário. Ela traduz a resposta de Jacó no versículo 27 desta forma: *"E [chocado por entender, sussurrando] ele disse, Jacó [suplantador, trapaceiro, vigarista, charlatão]!"* Essa era uma confissão da sua verdadeira natureza.

Finalmente! Por fim, Jacó reconhece sua condição.

Como era de se esperar, Jacó buscava mais uma bênção. Deus, porém, estava perseguindo Jacó.

"Não são seus bens, seus servos, ou sua família que quero, Jacó", Deus talvez tenha dito a ele. *"É a sua natureza 'Jacó' que estou tentando derramar, colocando-a para fora de você. Você pode*

enganar a todos, mas não pode enganar a Mim. Quero que entenda, de uma vez por todas, que não preciso de sua força. Preciso que você reconheça sua fraqueza e quem de fato é. Só então posso libertá-lo de si mesmo. Eu poderia matá-lo, mas prefiro conquistá-lo. Então poderemos sonhar juntos."

A luta terminou no instante em que Jacó reconheceu o seu verdadeiro estado. O objetivo de Deus não era vencer uma luta, mas ganhar um coração. E o que Ele fez em seguida? Demonstrando a Sua graça incomparável, Ele mudou o nome desse usurpador: *"Seu nome não será mais Jacó, mas sim Israel"* (v. 28). Isso não faz você querer dançar?

> **Quando Deus lutou com Jacó, Ele estava guerreando pelo Seu sonho!**

Em uma demonstração incomparável da Sua graça, sabedoria e amor perseverante, Deus transformou esse trapaceiro manipulador em um príncipe e patriarca. Os seus atos soberanos esclareceram qual era o plano, e de muitas formas, Deus lhe disse: *"Agora vamos prosseguir rumo ao sonho, Israel. Porque o sonho não é apenas para você; ele é para Mim também. E para as gerações que virão. Preciso de uma nação por intermédio da qual Eu possa demonstrar ao mundo os Meus caminhos e o Meu coração, e por meio da qual eu possa trazer o Messias. Você vai gerar essa nação para Mim".*

Quando Deus lutou com Jacó, Ele não estava lutando apenas pelo coração de um homem; Ele estava guerreando pelo Seu sonho!

Israel, que nunca mais seria o mesmo após sair mancando daquela luta, decidiu chamar aquele lugar Peniel, que significa "a face de Deus", porque "*vi a Deus face a face*", disse ele (Gn 32:30). Vinte anos antes, Jacó entrou em Betel, "*a casa de Deus*", e encontrou um sonho. Nesse dia ele viu "*a face de Deus*" e encontrou o Doador dos sonhos. Ele nunca mais seria o mesmo.

Ah, e quanto a Esaú? Deus transformou o coração dele também. Ele perdoou Jacó, agora Israel, e devolveu os presentes que haviam sido enviados antecipadamente. Pelo menos ele tentou. Jacó os teria aceitado de volta, mas Israel, com sua nova natureza, insistiu para que Esaú ficasse com pelo menos alguns deles!

Vamos até a minha cabana em Moriá mais uma vez, mas desta vez vou chamá-la de Peniel, porque Deus e eu tivemos uma pequena luta ali. "*Dê-Me todos os sonhos*", Ele disse, "*os que dizem respeito a você, a sua família, o seu ministério, a sua nação — confie tudo a Mim*".

Com medo, ah, como isso é humano, mas com uma confiança que nasceu após passar milhares de horas com Ele ao longo dos anos, fui ao fundo do meu coração e retirei todos os sonhos que consegui encontrar.

Ele os tomou, olhou para cada um deles, depois os colocou no chão. Ignorando-os, Ele enfiou Sua mão em meu peito e começou a trabalhar em meu coração. "*Não são os sonhos que preciso, filho*", Ele me disse. "*Preciso apenas tirá-los do caminho temporariamente para que Eu possa corrigir o seu coração.*"

Uma variedade enorme de emoções tomou conta de mim naquele dia enquanto Ele trabalhava e moldava o meu coração. Ri um pouco, pensei muito e chorei uma ou duas vezes. Ele foi gentil, porém firme e resoluto. Ele curou, ajustou, consertou uma "válvula" ou duas e desentupiu algumas "obstruções".

Quando Ele terminou, senti-me como se houvesse sido desfeito e refeito.

Então Ele colocou os sonhos de volta — bem, a maioria deles. Eu não precisava mais de alguns deles. Aqueles que Ele colocou de volta eram um tanto diferentes. Eles ainda eram meus, mas pareciam refletir um pouco mais do Seu caráter, do Seu coração e dos Seus desejos. Eu sabia que agora podíamos compartilhar as nossas vidas e sonhos em um nível mais alto.

E a nossa amizade havia crescido.

Como Jacó, voltei para casa mancando e feliz.

Recapitulando

1. A história deste capítulo revela que Jacó exigiu uma bênção. Deus pretendia abençoá-lo, mas de uma maneira muito maior e mais significativa do que ele compreendia. O que tinha de ser "derramado" do coração de Jacó antes que ele pudesse receber a bênção?

2. Quais são as duas coisas pelas quais Deus estava lutando quando guerreou com Jacó?

3. Qual foi o significado de Deus deslocar a coxa de Jacó?

4. Quando Jacó finalmente foi transformado, o coração de Esaú foi mudado com relação a ele. O que podemos aprender com isso?

5. Jacó chamou o lugar de Peniel. O que isso significa?

6. Planeje passar um tempo especial com o Senhor. Devolva os seus sonhos a Ele, depois permita que Ele devolva a você aqueles que Ele quer que você mantenha.

Certifique-se de encontrar também os sonhos Dele nesse processo.

Epílogo

Há momentos na minha vida em que simplesmente fico maravilhado com a maneira como o Senhor age. Hoje, é um desses dias. Faz três anos que minha vida foi profundamente impactada por Deus naquela cabana em Moriá/Peniel e que Ele começou a falar comigo sobre os sonhos. Por intermédio da Sua direção e providência me vejo agora de volta àquele mesmo lugar, dando os toques finais neste livro. Há vários meses, quando Ceci e eu planejamos alguns dias de férias, eu não fazia ideia de que o momento coincidiria com o término do livro — mas o Doador dos sonhos sim.

Deus é tão impressionante!

Neste instante, estou sentado ao lado do riacho, olhando para o altar e para a cruz na pequena ilha, pensando naquele dia há três anos e no impacto que ele exerceu sobre mim. Como é típico, a revelação cresceu sendo fomentada pelo estudo, pela meditação e pela oração.

A propósito, não estou na mesma cabana de antes. A princípio, isso me pareceu um pouco estranho. *Se Deus queria me trazer de volta aqui para terminar o livro*, perguntei-me, *por que Ele não fez a mesma cabana estar disponível?* Então vi a placa pendurada na parede da cabana em que estávamos:

JORNADA:

"Porque Eu bem sei os pensamentos que tenho a vosso respeito, diz o Senhor..."

Jeremias 29:11

Este não é um acampamento cristão, por falar nisso; é apenas uma comunidade com algumas residências particulares, algumas das quais podem ser alugadas. Pergunto-me se o proprietário desta cabana fazia ideia quando comprou a placa de que ela seria usada pelo Espírito Santo de uma forma tão notável!

Eu já disse que Deus é impressionante?

Quando Deus capturar um pedaço do seu coração, sempre construa um altar ali!

Enquanto esta fase da minha jornada se aproxima do fim, uma nova fase tem início. O meu sonho de escrever este livro está terminando, mas como esse versículo afirma tão poderosamente, o Senhor tem mais planos para mim, *"planos de paz, e não de mal, para [me] dar um futuro e uma esperança"* (AA). "Futuro" é a palavra *acharyith*, às vezes traduzida como "destino". Estou confiante que o meu destino está seguro no coração sonhador do meu Pai celestial.

Trarei meus filhos e netos a esta cabana um dia e conversaremos sobre as verdades do Espírito Santo que me foram reveladas. Vou orar com eles e apontar a ilha com o altar e a cruz enquanto transfiro os meus sonhos e o meu coração sonhador aos meus filhos. Eu poderia fazer isso em outro lugar, mas não tão poderosamente quanto poderei fazer aqui.

Enquanto estou sentado aqui olhando para o altar, estou construindo outro em meu coração, assim como fiz há três anos. Quando Deus capturar um pedaço do seu coração, sempre construa um altar ali!

É tão fascinante para mim o fato de que depois de capturar completamente o coração de Jacó, o Senhor lhe disse para voltar a Betel, o lugar onde os sonhos têm início, e viver (ver Gênesis 35:1). *"Ah, e construa outro altar ali"*, o Senhor também disse a ele (paráfrase minha). Jacó obedeceu e chamou o altar de El Betel, que significa "o Deus de Betel".

"O Deus do lugar do sonho" — que nome!

"A jornada teve início aqui", é o que sugere esse nome. "Tu deste um sonho ao meu avô neste lugar, e Tu me visitaste com um sonho aqui também. Quero que saibas, Deus, que eu Te honro como o Doador de sonhos e que deste dia em diante sonharemos juntos."

Dizendo a Jacó para viver em Betel, o Senhor também estava declarando algo tremendo: *"Como cativei o teu coração, Jacó, agora posso confiar em você como o Meu parceiro de sonhos, por que você não volta e passa a viver ali? Naquele lugar especial onde tudo começou... vamos viver o sonho!"*

Se isso não o comove, é porque você é insensível! Agora, amigo, é hora de você sonhar. Como a placa em minha cabana diz, o Senhor tem planos para você. Ele tem os planos de Betel e Peniel, de Hebrom e de Moriá. O coração sonhador Dele sonhou com você, e você precisa encontrar esses sonhos. Não permita que nada o faça parar. Você pode confiar na fidelidade de Deus para lhe mostrar os planos que Ele tem para você.

Agora, creio que vou deixar a caneta e o papel de lado, vou me sentar aqui junto ao riacho com meu Amigo, e sonhar um pouco.

Notas

Capítulo 1: O Poder dos Sonhos

1. Spiros Zodhiates, ed., *Hebrew-Greek Key Word Study Bible* (Chattanooga: AMG, 1990), 1732.

2. Jack Canfield e Mark Victor Hansen, *Canja de Galinha para a Alma* (Rio de Janeiro, Ediouro, 1995).

Capítulo 2: O Deus Que Sonha

1. Gene Edwards, *The Divine Romance* (Carol Stream, IL: Tyndale House, 1984, 1992), 3-4.

2. Jack Canfield, Mark Hansen, Jennifer Hawthorne e Marci Shimoff, *Chicken Soup for the Mother's Soul* (Deerfield Beach, FL: Health Communications, 1997), 165-166.

Capítulo 3: A Canção

1. Alice Gray, *More Stories for the Heart* (Sisters, OR: Multnomah, 1997), 220.

Capítulo 4: Nascido para Sonhar

1. Earl Nightingale, "Sparky—Charlie Brown", in *More Sower's Seeds*, ed. Brian Cavanaugh (Mahwah, NJ: Paulist Press, 1992), 54-55.

2. Adaptado de Jack Canfield e Mark Victor Hansen, *Canja de Galinha para a Alma* (Rio de Janeiro, Ediouro, 1995).

3. Craig Brian Larson, *Illustrations for Preaching and Teaching* (Grand Rapids: Baker, 1993), 38.

Capítulo 5: Sonhando o Nosso Destino

1. Denis Waitley e Reni L. Witt, *The Joy of Working* (New York: Ballantine Books, 1985), 33.

2. Myles Munroe, *Releasing Your Potential* (Shippensburg, PA: Destiny Image, 1992), 10.

3. Steven G. Dyer, *Transforming a Nation* (Grove, OK: Steven G. Dyer, 2010), 54.

Capítulo 6: Sonhar ou Decorar

1. Craig Brian Larson, *Illustrations for Preaching and Teaching* (Grand Rapids: Baker, 1993), 280.

2. Zodhiates, *Hebrew-Greek Key Word Study Bible*, 1766.

Capítulo 7: Motive-se

1. Adaptado de Jack Canfield e Mark Victor Hansen, *A 2nd Helping of Chicken Soup for the Soul* (Deerfield Beach, FL: Health Communications, 1995), 254-255.

Capítulo 8: Galos e Cães de Caça

1. Craig Brian Larson, *Contemporary Illustrations for Preachers, Teachers, and Writers* (Grand Rapids: Baker, 1996), 183.

Capítulo 9: Uma Mistura de Sonhos

1. Kevin Shorter, "Faith the Size of a Peanut", *Prayer Coach* (blog), 10 de novembro de 2010, http://shorterdesigns.com/prayercoach/2010/11/10/faith-the-size-of-a-peanut/.

2. Adaptado de "Gladys Aylward: 'I Wasn't First Choice for What I've Done in China'", HistoryMakers, acesso em 11 de janeiro de 2012, http://www.historymakers.info/inspirational-christians/gladys-aylward.html.

3. Adaptado de Roger Steer, "Pushing Inward", *Christian History: Hudson Taylor and Missions to China* 15, n. 4 (1996): http://www.christianitytoday.com/ch/1996/issue52/52h10a.html ; e adaptado de Ralph R. Covell, "Taylor, James Hudson", *Biographical Dictionary of Chinese Christianity*, ed. Gerald H. Anderson (New York: MacMillan Reference USA, 1998), reimpresso

on-line em http://www.bdcconline.net/en/stories/t/taylor-james-hudson.php.

Capítulo 10: O Sócio Majoritário

1. "About S. Truett Cathy", S. Truett Cathy website, acesso em 7 de junho de 2011, http://www.truettcathy.com/about_bio.asp.

2. Al Bryant, "Job Wasn't Big Enough", *Encyclopedia of 7700 Illustrations*, ed. Paul Lee Tan (Rockville, MD: Assurance, 1979), 815.

3. Craig Brian Larson, *Illustrations for Preaching and Teaching* (Grand Rapids: Baker, 1993), 262.

Capítulo 11: Escolhas

1. Edward K. Rowell, *Fresh Illustrations for Preaching and Teaching* (Grand Rapids: Baker, 1997), 147.

Capítulo 12: Sonhando com Amigos

1. Craig Brian Larson, *Contemporary Illustrations for Preachers, Teachers, and Writers* (Grand Rapids: Baker, 1996), 187.

Capítulo 13: Calebe

1. http://www.innocentenglish.com/movie-quotes-database/movie-quote-database-free/movie-quotes-from-braveheart.html.

2. Craig Brian Larson, *Contemporary Illustrations for Preachers, Teachers, and Writers* (Grand Rapids: Baker, 1996), 47.

3. "Perspectives", *Inspiration Peak*, acesso em 30 de maio de 2011, http://www.inspirationpeak.com/cgi-bin/stories.cgi?record=24.

Capítulo 14: O Teste da Espera

1. Adaptado de Joe Musser, *The Cereal Tycoon* (Chicago: Moody Press, 2002), 3, 154, contracapa.

Capítulo 16: O Usurpador

1. Robert J. Morgan, *Real Stories for The Soul* (Nashville: Thomas Nelson, 2000), 20-22.

2. *Africans in America*, "John Newton", PBS On-line, www.pbs.org/wgbh/aia/part1/1p275.html.

Capítulo 17: Os Sonhos de Jacó

1. Citado em Leonard Ravenhill, "Jonathan Edwards: Portrait of a Revival Preacher", *Dayspring*, 1963, www.ravenhill.org/edwards.htm.

2. Andrew Pierce, "Michael Jackson Squandered One of Biggest Fortunes Ever Earned by a Singer", *The Telegraph*, 26 de junho de 2009, http://www.telegraph.co.uk/culture/music/michael-jackson/5652573/

Michael-Jackson-squandered-one-of-biggest-fortunes-ever-earned-by-a-singer.html.

3. "Michael Jackson's Death: King of Pop Was Awash in Debt", *Huffington Post*, 27 de julho de 2009, http://www.huffingtonpost.com/2009/06/26/michael-jacksons-death-ki_n_221303.html.

Sobre o Autor

DUTCH SHEETS é um conferencista e escritor conhecido internacionalmente. Ele escreveu muitos livros, inclusive o best-seller *Oração Intercessória*. Durante dezoito anos Dutch pastoreou a Freedom Congregation, em Colorado Springs. Ele viaja constantemente por todos os Estados Unidos capacitando os crentes para uma vida de oração apaixonada e para um avivamento capaz de transformar o mundo. Sua maior paixão é ver um despertamento em nossos dias e uma reforma ainda nesta geração. Dutch, Ceci, sua esposa há mais de trinta anos, e seus três cães vivem em Hamilton, Alabama.

ORAÇÃO INTERCESSÓRIA

O pastor e mestre Dutch Sheets explica todos os detalhes relacionadas à oração com sabedoria, gentileza e humor. Este livro irá inspirar você, lhe dará a coragem para orar pelo "impossível" e o ajudará a persistir até o fim, até suas orações serem concluídas. Descubra seu papel como guerreiro de oração: fazer a diferença entre o Céu e o inferno na vida de alguém que você conhece!

O PODER DA ORAÇÃO INTERCESSÓRIA

O que é a oração intercessória? Como uma pessoa se torna um intercessor? Quando você não sabe por onde começar, comece com o básico! Em O Poder da Oração Intercessória você aprenderá a encontrar sua motivação para a oração na força do amor, ao experimentar em primeiro lugar, um relacionamento duradouro com Deus como seu Pai e amigo.

O MEU MAIOR PRAZER

Aprenda com as lições de vida compartilhadas por Dutch Sheets a cultivar um relacionamento íntimo com Deus. Com percepções profundas extraídas da Bíblia e histórias que você não esquecerá tão cedo, O Meu Maior Prazer é como um mentor espiritual, que irá lhe mostrar maneiras simples de desfrutar mais de Deus.

www.ingramcontent.com/pod-product-compliance
Lightning Source LLC
Chambersburg PA
CBHW031838090426
42741CB00005B/282